1日5時間で仕事を片づける人の「段取り」術

本田尚也

PHP文庫

JN264657

○本表紙図柄＝ロゼッタ・ストーン（大英博物館蔵）
○本表紙デザイン＋紋章＝上田晃郷

まえがき

なぜか仕事が片づかない人の習慣と聞いて、何を思い浮かべるだろう。ヒトやモノの手配ができていない、やることが二転三転する、思いつきで行動する……。誰もがそんな仕事を望んでいない。一日五時間ほどで、サッと仕事を片づけたいと思う。

では、どうするか。することはいたって簡単、「段取りつけて仕事をする」だけだ。**朝、遅刻しないよう、寝る前に目覚ましをセットする。**簡単で当たり前に感じるが、これは立派な「段取り」である。

これらを色々な仕事のシーンで取り入れよう。時間の割り振りひとつで、ムダなく予定が組めたり、周囲への言葉ひとつで、スムーズに事が運んだりする。

一番大事なことは、仕事の段取りというのは誰にでもできるということ。神経質な性格や潔癖グセである必要はまったくない。

「細かいことに目が行かない」「自分は鈍感」と頭をかく方も多いが、諦める前に目覚まし時計のような、〝**ちょっとの工夫**〟を取り入れてみてほしい。

この、ちょっとの工夫で、仕事が大きく変わることを切に願うばかりである。

1日5時間で仕事を片づける人の「段取り」術　目次

まえがき

Part 1 身につけておきたい 段取りの基本

Part 2 コツをつかめば応用は簡単！ スケジューリング

Part 3 どんな仕事でも不可避で重要 コミュニケーション

Part 4
短い時間でさらりとこなしたい ルーティンワーク

Part 5
段取り術の真価が問われる実践編　対取引先

Part 6 うまく使えば百人力の「仕事の武器」ツール

Part 7 人と差がつく パソコン・インターネット術

Part 8 顔が見えないからこそ気をつけたい メール術

Part 1

身につけておきたい 段取りの基本

1 「段取り」とは何をするのか

必要への気づき、準備と計画である

さて、段取りとは何をするものか。「手帳つければいいんでしょ」「アポ取りならできますが」と言う人もいるかもしれないが、段取りとは**「準備」**と**「計画」**である。準備をして、計画したとおりに仕事を遂行することだ。

たとえば、ある仕事に対して同僚の力が必要な場合、仕事上の経験、パソコンの操作など知識的なこと、あるいは人脈的なコネなど何でも考えられるが、そこでひと言声を掛け、助力を得たおかげでスムーズに運ぶようになる。

逆にその声掛けが遅く「急にいま言われても……」となったり、肝心なときに不在だったりでどん詰まり、という場面も想像に難くないはずだ。

これが段取りの核心部分である。前もって準備と計画をして本番に臨むことで、手早く仕事を終えたり、確実に成果を上げたりすることが可能となるのである。

そして、冒頭に挙げたように、手帳づけやアポ取りも大事な段取りのひとつであり、「必要」なことであるが、この必要から段取りは生まれると知っていただきたい。

「この仕事のやり方にはムダがある」と感じれば、そこから段取り次第で改善のカタチが見えてくる。つまり、**「気づき」**である。

これは些細な点でいい。するとパターンのようなものができ、次々「必要」が見えてきて、気がつくようになる。したがって、最初から大技を見つけ出そうとか気負うことはない。少しずつ、「必要を見つけるクセ」を積み重ねていけばいい。

このクセが身につけば、仕事上の困難も軽く乗り越えられるはずだ。

二つの仕事が同時に舞い込んできたとする。両方を無事完了させるために、準備と計画をする。それは時間の調整や人の調整、モノの調整などで、必要なことを現実にできる方法で進める考え方だ。

時間の配分を適切にする。急ぎのものを先に進めつつ、もうひとつの準備もしておく。関係スタッフとの連係や必要資材の調達など、前もってやることはたくさんあるはずだ。これらが「段取り」である。

段取りポイント　**必要を見つけるクセを身につけよう。**

2 段取り上手になるベース三要素

欠かせないスキルは何か、しくみを見てみよう

ここで段取り上手のベースを図解してみよう。

●**スケジューリング**……時間をどう使うか、どう生み出すか
●**コミュニケーション**……聞いたり話したり、調整の核心
●**ルーティンワーク**……定型業務、日常業務でのスキルアップ

準備と計画に一番必要なことは、これら三要素である。スケジューリング・スキルなくして円滑な準備と計画はありえないし、その調整作業の核心は人間関係をつくるコミュニケーション・スキルである。ごり押しで何でも進められるわけではない。そして、普段の仕事は、当然にできるようになっておきたい。必要を見つける機会は、ルーティンワークの中でが多い。

これを見て、自分の得手不得手があるなら、気になる章から重点的に読むのでも構わない。すべてを完璧に目指すより、得意なスキルを伸ばすほうが実用的である。

段取りポイント　**得意なスキルをひとつ身につける気持ちでいこう。**

●段取り上手のベース

[段取り上手になるための土台]

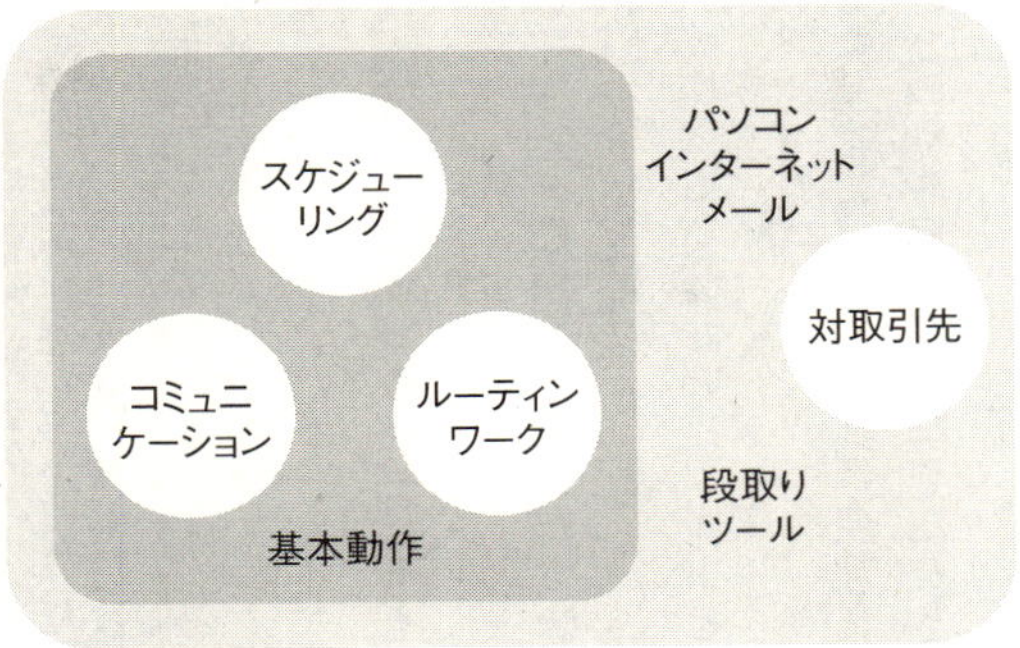

- ・基本動作の確認…ビジネスの基本おさらい → Part1
- ・スケジューリング…時間管理・活用 → Part2
- ・コミュニケーション…つきあい方の基本 → Part3
- ・ルーティンワーク…日常業務の片づけ方 → Part4
- ・実践・対取引先…三要素を生かす場 → Part5
- ・使える段取りツール…欠かせないツール → Part6
- ・パソコン・インターネット術…PC、ネット活用 → Part7
- ・ビジネスメール術…メールの基本と活用 → Part8

・とくに、段取り上手の三要素といわれる「スケジューリング」「コミュニケーション」「ルーティンワーク」がメイン

・三つのうちのひとつでも得意ジャンルがあれば、段取り上手の素質は大だ

3 基本動作①「ビジネスマンの基本」を見直す

どれもが大切な初歩の初歩

具体的な段取りの技術を身につける前に、まずビジネスマンとして基本ができているかどうかも心がけておきたい。いくら段取り上手を目指しても、基本ができていなければ実にならない。

基本とは、挨拶、言葉づかい、マナーなどを指すが、社会人ならば誰でもできていそうにみえて、意外とできていない。逆に仕事ができる人ほど、基本がしっかりと身についていると断言することができる。

他人を評価するときには、「Aさんは感じがいい」「Bさんは感じが悪い」といったように、挨拶、言葉づかい、マナーと身だしなみで自然と判断している。他人は決して注意してくれないことだ。

このような基本について、私は会社員時代それほど考えていなかった。だが、独立して会社という看板がなくなったときに、その重要性に気づかされた。自分が仕事を依頼するときに、感じの悪い人には決して頼まない。

当然、私が仕事を依頼されるときにも、クライアントからそういう目で見られている。

「挨拶」などは当たり前のことではあるが、丁寧に、相手のことを考えて意識して行なうようになった。考えてやってみると、なんとも奥が深いのに驚いた。

以下のポイントは、キャリアを積めば積むほど反芻《はんすう》したいものばかりだ。

●**折り目正しい挨拶**

「こんにちは」「こんばんは」「ありがとう」「失礼します」など。とくに、ありがとうは段々言わなくなるもので、私もこれは気をつけている。

●**言葉づかいの丁寧さ**

目上の人を敬う気持ちがないと、丁寧な言葉で話しても、無礼だととられる。「自分が一番」だと思っている人は注意。「上には上がいる」ことを忘れない。

●**マナーを身につけている**

人に頼むとき、謝るとき、断わるとき、接客時のマナーなど、きちんとしていないと品位を疑われる。

●**約束を守る**

出勤時間、訪問時間、納期の日時など、守らなければいけないことは多い。それを守るためには段取りが、もっとも大切。

●会話の成立

主張ばかりが強いと会話にならない。まず人の話を聞き、何が自分に求められているのかを考える。

●報告をする

社長や自営業者ではなく、雇用者であれば、上司に報告するのは鉄則。

●自分の立場をわきまえる

自分のプライドよりも、雇用者であること、顧客がいなければ売上げが上がらないことなどを意識すれば、言い訳をすることはなくなる。

●つねに「なぜ」を考える

「この仕事はどうして行なわなければいけないか」「なぜ上司に注意されたのか」など、つねに考えると、注意されても感情的にならず、冷静になれる。

これらは、自分自身を振り返って思いついた項目で、身についていないせいで、ずいぶん損をしてきた。だからこそ、皆さんはビシッと決めてもらいたい。

段取りポイント **仕事ができる人ほど基本に忠実である。**

●ビジネスマンの基本

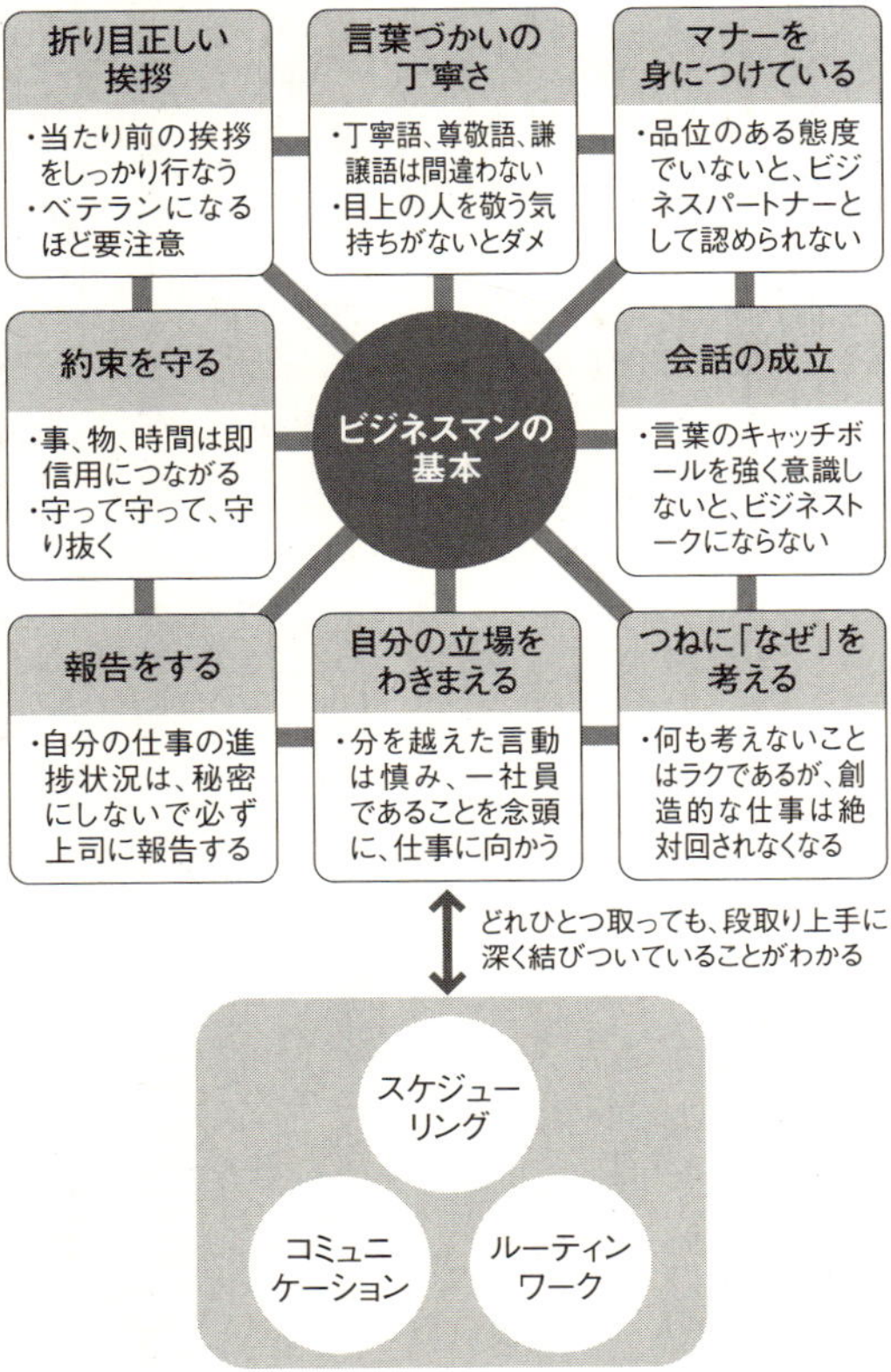
ビジネスマンの基本
折り目正しい挨拶
・当たり前の挨拶をしっかり行なう
・ベテランになるほど要注意
言葉づかいの丁寧さ
・丁寧語、尊敬語、謙譲語は間違わない
・目上の人を敬う気持ちがないとダメ
マナーを身につけている
・品位のある態度でいないと、ビジネスパートナーとして認められない
約束を守る
・事、物、時間は即信用につながる
・守って守って、守り抜く
会話の成立
・言葉のキャッチボールを強く意識しないと、ビジネストークにならない
報告をする
・自分の仕事の進捗状況は、秘密にしないで必ず上司に報告する
自分の立場をわきまえる
・分を越えた言動は慎み、一社員であることを念頭に、仕事に向かう
つねに「なぜ」を考える
・何も考えないことはラクであるが、創造的な仕事は絶対回されなくなる
どれひとつ取っても、段取り上手に深く結びついていることがわかる
スケジューリング
コミュニケーション
ルーティンワーク

4 基本動作② 所要時間は多めに見積もる

予備の時間をつくっておこう

私は、時間を見積もるときには見込み時間にプラスアルファを想定して、約束するようにしている。「いつできるでしょうか」と取引先に聞かれたときには、翌日の午後にはできそうだと思っても、「明後日の午前中にはできます」と答えるのだ。約束よりも早くできれば喜んでもらえるが、その逆は不信感を買うだけだ。このことは取引先だけではなく、上司との約束でも同じである。

時間の読みが甘いと、いろいろな人に迷惑を及ぼすことになり、謝ることも増える。よけいな手間がかかるということだ。私自身、時間の読みが甘く無理な約束をしてしまったことが何度もある。先方は、その約束でその後の人の手配もしているから、迷惑をかけることになった。その反省から、予備時間を追加しているのだ。だが、この予備を最初からあてにするのはNGだ。あくまでも「予備」の時間であることを忘れてはいけない。

段取りポイント **余裕をもつことで信頼をGET。**

●時間の見積もり

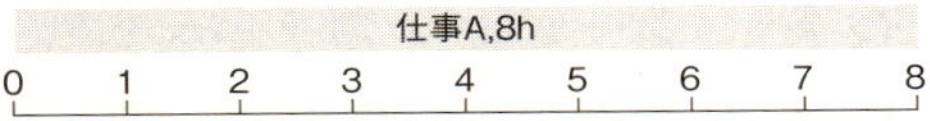

①作業時間を“時間”単位で見積もる

日にちで勘定しては、正確な見積もりはできない
必ず時間単位で、短いものは分単位で見積もる

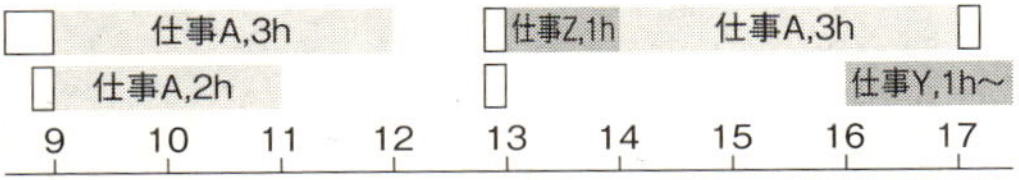

②スケジュールにあてはめる

すでに埋まっている予定時間(図内白ワク)を抜いて、空き時間を埋めていく
単に加算していっても、終了時間が出る

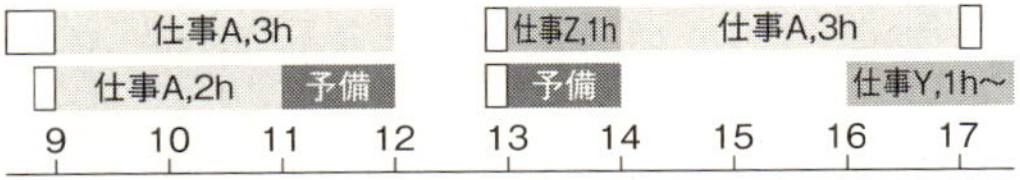

③予備時間をつくる

不測の事態に備えて、2、3時間の予備時間を設定する
短すぎず長すぎず適度につくる

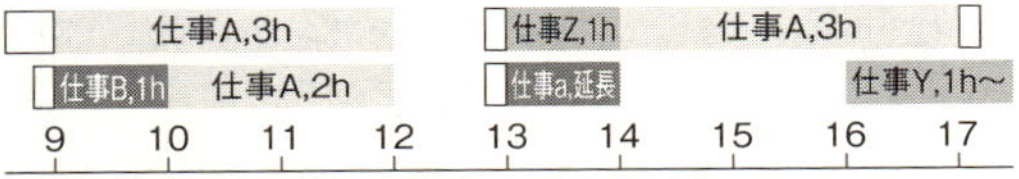

④業務の遂行にまい進する

スケジュールどおり仕事をすすめる
見積もった時間どおりに進め、予備時間を当初からあてにしない

5 基本動作③ 仕事の優先順位を決める

▼▼▼▼ ムダな時間をなくし、滞りなく進めるコツ

仕事をするにあたって、手持ちの業務を、指示を受けた時間の順番で処理してはいないだろうか。

段取りよく進められる人は、ひとつの業務を行なう場合に、業務の流れ、関連する人、期限などが頭の中に浮かんでいる。そして、いますぐにやらなければ意味がないものと、今日中に終わればいいものを見極め、また、三日以内あるいは一週間以内でもかまわないものを割り振り、それぞれの業務の完了に向かって準備をしている。

ほとんどのビジネスマンは、優先的に行なわなければならない業務をひとつだけではなく、いつも複数抱えている。やらなければいけないリストをつくるとともに、その中で優先順位をつけることを忘れてはならない。

突発的に起こる緊急を要するものは、すぐに対応する。これは誰でも優先順位が高いとわかるが、次には**関連する人・事柄が多いもの**から片づけていくことが大切だ。その際は、誰にでもわかるように丁寧に説明する。ここで雑に処理してしまう

●優先順位のつけ方

①仕事Aは、期限は水曜日17:00まで。見積もり時間は14h。緊急の仕事
②仕事Bは、期限は金曜日12:00まで。見積もり時間は15h。さらにテキスト入力の外注が必要、7h（1日分）のアイドルタイムが発生する。重要な仕事

業務を滞りなく進めるには…

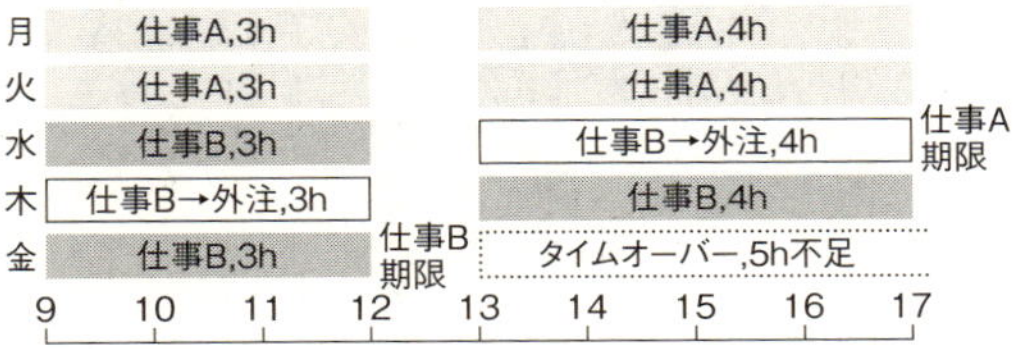

・緊急の仕事を優先すると、結果、仕事Bが間に合わない
・水曜日の午後から木曜日の午前までは、完全なアイドルタイムとなってしまい、ムダなスケジューリングの典型例

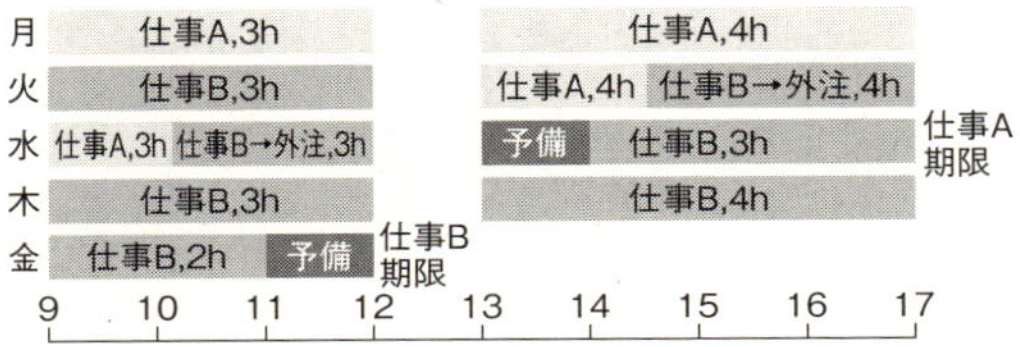

・アイドルタイムをなくし、予備時間まで加えて期限どおり進めたスケジュール例
・仕事Aの時間を分割することで、仕事Bの準備時間3hと外注時間の前倒しが可能となった
・仕事の分割は、作業のポイントを忘れる等の欠点があるが、24時間以内であれば影響は出にくい

と、質問ややり直しなどで倍の時間を要することになる。

いまはアウトソーシングを積極的に行なう時代になっているから、部下だけではなく、外注先に依頼することも増えているはずだ。そのときにも、他人に振る仕事は、早めに依頼し、時間的な余裕をお互いに持つことが大切だ。

誰でも急に頼まれるほどイヤなことはない。それこそ、優先順位が狂ってしまうからだ。他人への配慮は忘れてはならない。

また、**経験不足により、判断に迷うもの**も、そのままにしておくのではなく、できるだけ早く、上司やクライアントに相談する。判断を仰いで、それに従うことだ。

他人に振る仕事を片づけたあとに、**じっくりと考えることが必要な仕事**にとりかかる。企画を練るというのが、これに当たる。夕方できなければ、始業前にするなど時間をつくるようにする。

考えなければいけない仕事は、どれくらいの時間がかかるのかを予想できないことが多い。そのため、早めにとりかかり、「あと○時間で完成する」と時間が読めるようになるまで集中的に行なうことが大切だ。

段取りポイント
人との関わりも考え、正確な優先順位を決める。

6 基本動作④ 先延ばしグセはやめる

▼▼▼▼「やろうか、やるまいか」はすでにやっていない状態

優先順位を決めて、「今日やることメモ」などをつくっておきながら、一日が終わってみると何ひとつ完了していなかった。誰でも一度は経験しているだろう。優先順位を決めても、実行しなければ意味がない。そこで、なぜ実行できなかったのかを考えてみよう。

ほとんどの人は、時間がかかりそうな難しい仕事とそうでない仕事の二つを処理しなければならないとき、頭の中では難しい仕事を避けたいと考えてしまう。しかし、ラクな仕事をしている間中、ずっと「次はあの難しい仕事をしなくてはならない」とあせるばかりで、これではラクに処理できる仕事まで、つらく感じることになる。「やろうかな。でも、時間がかかって大変だろうな」と考えているから、つい先延ばしにしてしまい、結局何も手をつけられないのだ。

締め切りギリギリにならないとヤル気がでないと言っていた知人のライターは、みるみる仕事がなくなっている。ギリギリに仕事をするから、締め切りを守れない。その結果、仕事をなくすことになる。締め切りという約束を守るためには早め

に対応していないと、それを守ることはできない。これは、あらゆる仕事に通じることだ。

その逆に、同じく知人で業務を拡大している経営者は、仕事が大変なときほど、友人と会う予定を入れている。その理由を私がたずねると、約束が励みになって、仕事を早く片づけようと意欲がわき、気分転換を図ることもできると言っていた。

こうした予定を入れることによって、大変な仕事から逃げるのではなく、立ち向かう心構えができる。「すぐにやらないと、明日の予定をキャンセルしなければいけない」「あと一時間で片づけないと約束に遅れる」と集中力を高めるのに効果的だ。

先延ばしグセのある人は、ダラダラと仕事をしていないだろうか? いまは少なくなっていると思うが、遅くまで会社にいることがいいことだという風潮がある会社では、こうなりやすい。また毎日が会社と家の往復では、刺激も受けにくく、仕事へのヤル気も失いがちだ。時間はつくるものである。先延ばしグセのある人は、先の経営者を見習ってみよう。仕事と関係ない人と会うことで、リフレッシュした気分になり、張り合いもでる。

段取りポイント

やっかいな仕事をまず終わらせるクセをつけると、自信もついてくる。

●先延ばしグセは要注意

［先延ばしグセのある人の“仕事始め”の機会］

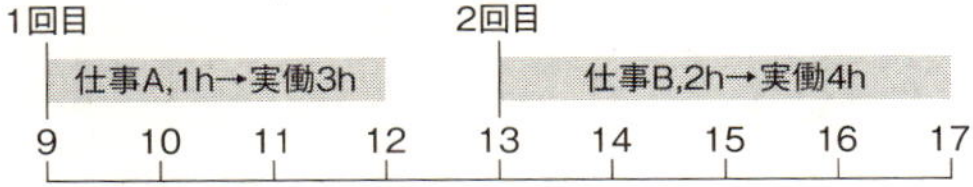

・本来、仕事はいつ始めてもよいもの。朝イチ・午後イチ型は2パターンしかないばかりか、仕事そのものもダラダラと進めがち

・例では、午前中に終えられる仕事にも丸1日かけている

先延ばしグセのある人
・やらなければいけない事柄を忘れている
・催促されると心地よい
・仕事の見積もり時間を考えていない
・緊急の仕事、重要な仕事を考えない
・日課の業務をスケジュールに入れていない
・会社にいることが目的になっている
・早く帰宅してもやることがない
・土日に寝だめすればいい
・最後に帳尻を合わせればいい

すぐやる人
・やらなければいけない事柄が頭に入っている
・催促されるのがイヤだ
・見積もり時間を考えている
・緊急、重要の度合いを考慮する
・日課の業務をスケジュールに組み入れている
・成果を求めて仕事に向かう
・仕事後にプライベートの予定がある
・睡眠時間を削りたくない
・最後にあわてるのがイヤ。余裕をもって仕事をしたい

7 基本動作⑤ 自分の集中できる時間を知る

朝型か、夜型か確かめてみよう

職場に、仕事のできる目標の上司がいたとしよう。会社の始業時間は九時だが、その上司はいつも朝六時には出勤して、仕事をしている。自分が出勤するころには、いくつもの業務を終えている。

上司のようになりたくて、自分も朝六時に出勤してみたが、どうも仕事に集中できない。あくびばかり出て、新聞を読んでいても頭に入ってこない。

このように、自分の生活スタイルを守らずにただ早起きをしてみただけでは意味がない。この上司は、生活スタイルを確立しており、自分は早朝に集中できるとわかっているから、六時から仕事をしているのだ。目標となる人のマネをすることは大切だが、自分の集中できる時間はいつなのかを考えてみよう。

よく、早朝は仕事がはかどるという。しかし、誰もが三時、四時から起き出して仕事ができるというわけではない。自分は朝起きられないから仕事ができないと落ち込むことはない。夜型人間にも仕事のできる人はたくさんいる。

自分が朝型か夜型かわからない人は、大学や高校受験当時を振り返ってみよう。

●仕事に集中できる曜日

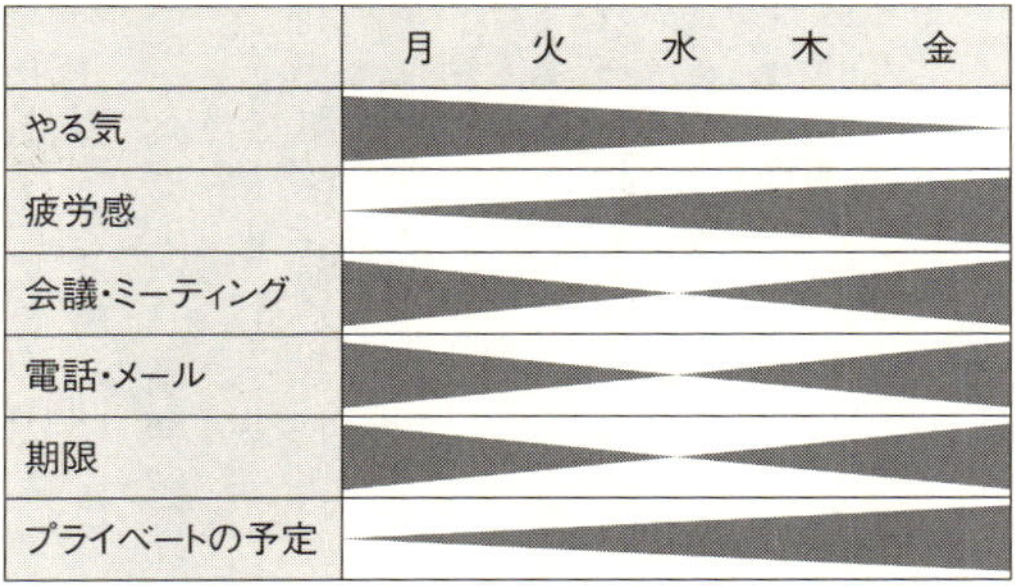

［あなたは朝型？ それとも夜型？］
（ヒント：受験生時代を振り返ってみよう）

朝型	出社時間を早める。その代わり、退社時間を決めておく。ダラダラと会社にいないようにする
夜型	就業時間後のだらけた雰囲気に負けない。誰とも口をきかない覚悟をする。仕事の区切りと時間を決めておく

1日2時間（×時〜×時）→ 仕事の目標（　　　　　）
→ その時間に集中

「曜日の違い」「集中できる2時間」を理解して調整しよう

朝早く起きて勉強していた人は朝型、深夜まで起きていた人は夜型の人が多い。過去とあまり変わらないはずだ。

自宅で仕事をする場合は、自分が集中できる時間を早く見つけて、それに合わせるようにすればよい。家庭の環境（とくに子どもの生活時間）というものもあるので、柔軟に対処したい。要は、自分の力が発揮できる時間はいつかがわかっていて、その時間に行動できるということが大切なのだ。

一方、会社という環境は少し事情が異なってくる。夜型の人でも、仕事が間に合わず、仕方なく始業時間の二時間前に出勤した経験はあるだろう。始業時間前の会社は、人も少なく、仕事の邪魔をする電話もかかってこないこともあって、普段より仕事がはかどるものだ。また、終わらせなければいけない意識もあるので、より集中できたりする。

会社という組織は、朝に比べて夜は緊張感がなくなり、ダラダラしがちだ。もし、残業している同僚がたくさんいる、あるいは疲労感があるときには、早く帰宅して、翌日早く出社したほうがいいだろう。

段取りポイント

自分の力が発揮できる時間帯に、確実に行動する。

8 基本動作⑥ 他人にできることは任せる

任せることは大事。任せすぎは怠け者

チームを組んで仕事をする機会は多いはずだが、何でもすべてひとりでやらなければ気がすまない人というのは、どこにでもいるものだ。こちらはやることがなく、モチベーションも下がるし、本当に迷惑な話である。ひとりでキッチリ仕事を完了できればまだいいが、大体の場合、他人に仕事を任せないばかりに仕事を抱え込み、期日ギリギリになってからヘルプを求めて、メンバーの信頼を失ってしまう。

これは、どんな仕事でも他人に任せてしまえ、ということではない。ある業務について自分より適任がいれば、その人物に任すことを選択肢に入れるということだ。任すことによって、仕事の生産性も向上し、自分のやるべき業務に集中することもできる。ひとりよりも複数の力をまとめたほうが、より大きな仕事をこなすことができるのだ。

しかし、他人に仕事を任せるのは簡単なことではない。進捗《しんちょく》状況をチェックしたり、アドバイスを求められたりと、新たな仕事を生み、時間もかかる。

また、結果が良くなるとは限らないし、そのせいで、責任をとらなければならな

いこともある。他人に仕事を任せるということは、管理能力が試されるといってもいい。

まずは、業務に適任な人物を見極めることだ。ここを間違ってはいけない。働かない人間にどんな仕事を任せても、結果は見えている。

次に、指示した業務について、自分の意見や情報を提供し内容を理解させる。また、相手の意見も十分に聞くことだ。説明を怠《おこた》っては、意思の疎通を図れない。

そして、責任感を持たせることだ。もちろん、最終的な責任は自分が負わなければならないが、「任せた」という気持ちを伝えなくてはならない。

「任せた」と決めたからには、必要以上に干渉するのは避けたい。気になるのはわかるが、相手が意見を求めてきたときか、間違った方向に進もうとしているときに軌道修正するほかは、見守っているべきである。

管理される側は、管理する者の身になって考えると、何を求められているか理解しやすい。管理する場合も、される身になると自ずと道は開かれてくる。これが、プロのビジネスマンになる近道だ。

段取りポイント

個人の技量とはまた別の「管理能力」。これが身につけば本物だ。

●人に任せるポイント

ポイント❶ その仕事の特性を見る

・緊急の仕事か
・重要な仕事か
・短時間で終わる仕事か
・日、週単位の仕事か
・何人で行なう仕事か
・予算はどれくらいか

ポイント❷ 適任の人を選ぶ

・その仕事ができるレベルか、足りないレベルか
・仕事がていねいか、大雑把か
・仕事が早いか、ゆっくりか
・専門知識があるか、ないか
・専門技能があるか、ないか
・人脈があるか、ないか
・やる気があるか、それなりか

ポイント❸ 各人のスケジュールの把握

・期限内は空いている
・埋まっている日も調整してくれる
・何日かは空いている
・一日、二日なら空いている
・時間単位なら空いている
・空いていない

ex.）新製品の予約チラシを明後日中に1万枚用意せよ

↓

緊急で今日と明日空きの人、明日の17:00から24時間で納品してくれる印刷所、が必要

↓

開発部とのやりとりは自分、知識があって素早くコピーライトできる人1名、レイアウトできる人1名、印刷に詳しく発注・管理できる人1名、で進行

9 基本動作⑦ 整理術をものにする

方法も大事だが習慣化はもっと大事

整理術とは、仕事を段取りよく進めるため、いくつかのルールを決めて実行しようというものである。至極かんたんで、いくつかのツールが、見違えるほどの効果をもたらす。これは、ぜひ実行してもらいたい。

整理術のポイントを少し挙げるとこうなる。

●仕分けるルールを決め、実行する

●積極的にツールを活用する

●時間に流されない

とくに時間に流されないことが重要で、目の前にある書類をいつ整理するかだ。その場で行なえば問題ないが、大体は後回しである。

すぐに判断つかない場合が多く、それだけに溜まりやすいのだが、その場合でもレタートレー他、適したツールがあるので積極的に活用されたい。

段取りポイント **形から入ってもいい。ツールは必要不可欠だ。**

●整理術の基本

［整理術の対象は、あらゆる経営資源］

ヒト　モノ　カネ　時間

このうち、個々人で実践するのは主に「モノ」、他には「時間」「カネ」と続く

①仕分けるルールを決め、実行する

・用途・目的別にファイルする場所を決める。社内共有物、部署共有物、個人保管物とあり、それぞれ価値・重要度、使用頻度、時系列などで分けられる

・とりわけ個人保管物については、定義や作業が甘くなる傾向にある

②積極的にツールを活用する

・封筒、段ボールに放り込むのは、前時代のやり方。用途・目的別にファイルするツールを使い分ける

・移動の少ないものは、重要度に合わせてリングファイル、フラットファイル、Zファイルに

・移動の多いものは、クリアファイル、ファイルボックスなどに入れて机上の本立てに並べる。または個別フォルダ、クリアホルダーに入れてサイドキャビネットにしまう

③時間に流されない

・その場で「ファイル」「保留」「ゴミ箱」に分ける

・保留を選びがちだが、すべてを保留にすると、最終的な判断すらできなくなる

10 基本動作⑧ チームプレーと個性の発揮

1+1を3にも4にもすることができる

この章の最後にチームプレーの意識について考えてみたい。

チーム内で足を引っ張る存在には、本当に苦労させられる。前述の任せられない人はとくにそうだが、この場合1+1が2以上になることはない。もともと、組織を構成する理由は、1+1が3にも4にも化けるからである。だからこそチームプレーが大事にされ、個人の技量とともに協調性やリーダーシップが求められるのだ。

たとえば、集団のプロスポーツ選手を見てみるとよくわかる。

組織の方針、戦術の方針を最大限尊重した上で、自分にある最高のパフォーマンスを発揮させている。組織あっての自分ということである。

だからといって、チームにすべてを合わすということではない。

パーソナリティ（個性）のない仕事ぶりは、自分のためばかりか、チームのためにもよくない。それぞれが、チームのためになる個性を発揮してこそ、全体の成長・発展になる。チームにとって必要な自分をどう理解しどう示すか、ということだ。

前述のとおり、人間ひとりの仕事量など、たかが知れている。ひとりよりも複数

●1+1→3以上のしくみ

開発から営業までひとりで行なおうとしても、

開発部　Aさんの能力

開発：7（1日7個）	7個にかかる総日数	1日
生産：2（1日2個）		3.5日
営業：1（1日1個）		7日

計**11.5日**

生産部　Bさんの能力

開発：2（1日2個）	7個にかかる総日数	3.5日
生産：7（1日7個）		1日
営業：1（1日1個）		7日

計**11.5日**

開発部　Cさんの能力

開発：2（1日2個）	7個にかかる総日数	3.5日
生産：1（1日1個）		7日
営業：7（1日7個）		1日

計**11.5日**

↓

3人で21個に**11.5日**かかる

だが個々の能力は低くても、チームプレーを発揮し、専門分野を分担することで、
　Aさんが開発（1日7個）
　Bさんが生産（1日7個）
　Cさんが営業（1日7個）
となり、21個にかかる日数は、**3日**となる

**そのために会社は業務を分担させ、
チームプレーを大原則としているのだ！**

の力をまとめたほうが、質・量とも優れたものができあがる。

ところが、十人十色といわれるように、人間は一〇人集まれば一〇通りの考えがあり、組織がひとつの目標を掲げても、賛同できない者が必ずでてくる。意見交換の場であればともかく、決定事項に対する実務段階で行動を共にできないのは、ただのはみだし者でしかない。一匹狼を気どったところで、それは組織に甘えたエセである。そのような者は組織にとって必要ではない。これが会社の基本原則である。

はっきりさせておきたいのは、身勝手な者を組織は必要としないし、言いたいことがあるなら、結果を出してからということだ。厳しい物言いだが、結果を出せない者は「口だけ」で、相手にされることはない。

これは私も言われた。「自由に仕事をしたかったら、誰からも文句の出ない結果を出しなさい」と、上司は楽しそうに言うのである。楽しそうに言われて、求められている結果が、現在と大きくかい離していることに気づいた。

汗顔の極みといったところだが、個人プレーとチームプレーの双方が機能して初めて、個人も会社も成長し続けるのである。

段取りポイント

チームにとって必要な自分を活かそう。

Part 2

コツをつかめば応用は簡単！

スケジューリング

1 スケジュールは「一週間」と「一日」で組む

▼▼▼ 時間に追われずコントロールするために

時間管理と活用は、皆さんの仕事振りを決める重大な要素だ。いくら高度な技術を持っていても、時間がなければ話にもならない。

また、段取りとスケジューリングはひとつに結び付ける方もいるほど、密接な関係である。ただ予定を放り込む作業から、時間を活用できるレベルまでもっていきたい。

人にとって、一時間はいつでも六〇分の長さではない。いうまでもなく、就寝中の一時間など無に等しいし、痛勤ラッシュ時なら倍の時間にも感じる。下痢状態をさらに加えれば、さらに三倍だ。そして体感速度は時間帯でも変わり、午前と午後、始業時と終業時でも変化する。

そのときの事情や時間帯で変化する「時間」を、自分のペースに合わせて利用しようというのがスケジューリングの本質だ。

スケジューリングといえば、まず手帳を連想する方も多いと思う。時間活用のテーマと切り離せないツールの手帳だが、私自身はそれほど凝った使い方はしていいない。

したがって、システム手帳や各種ビジネス手帳のどれを使おうと、とくに変わりはない。企画・開発系のように長く仕事が継続する職種なら、ウィークリーページとマンスリーページの両方があるものが合っているだろうし、営業マンのように毎日多くの人と会う職種ならダイアリータイプのノートがいいかもしれない。

書店などで、自分の職種、用途に合うものをじっくり選んでほしい。

さて、スケジュールの追って行き方だが、一般的には年間のスケジュールから下るように、月間、週間、一日と見ていくはずだ。

だが、これだと忙しすぎるいまのビジネスマンの現実と、少々そぐわない。一日単位でクルクル予定が変わるのに、年間計画や月間はなおのこと。おおまかな予定は、おおまかなりの立て方でいいだろう。

つまり、週間スケジュールと毎日のスケジュールの組み方次第で、段取りよく仕事が進んでいくということになる。

ここに重点を置いて、スケジューリングを考えていこう。

段取りポイント

クルクル変わる予定に対応できる組み方にする。

2 週間のスケジュールの立て方

大きく四タイプに分類して予定を振り分ける

さっそく、週間のスケジュールを立てていこう。まずは**前週からの継続分**があれば、月曜日からスケジュールを埋めていく。これは、やり残しの仕事であってはいけない。あくまでも予定に沿った継続分であることだ。

次に、**新規の仕事**も割り当てていく。そして、**月間・年間予定であてはまる項目**を埋めていく。さらに、**人と会う約束**などがあれば、そのとおりに埋めていく。

基本的に予定とは、以上の四種類に分けられる。継続の仕事と新規の仕事は、重ねず、すきまなく埋めていく。これは、上司などとの打ち合わせ段階で調整する。

問題が起きやすいのは、これら上司からの仕事と月間・年間予定からの仕事との擦り合わせだ。月間・年間予定の仕事は、自分の裁量で任されたものが多い。したがって、前もって上司に知らせておかなければ、おかまいなしに仕事が与えられてしまう。さきに相談さえしていれば、無理な週間スケジュールにはならないはずだ。

段取りポイント｜**上司からの仕事と、月間・年間予定の仕事との擦り合わせをする。**

●週間スケジュールを立てる

［予定は大きく分けると、4タイプある］

前週からの継続の仕事

週をまたがる仕事。一般的に期間を要する仕事で、重要度が高いものが多い

新規で渡される仕事

前週末からおおよその指示がある場合が多い。週明け早々に言い渡されるものは、大体緊急度が高い

月間・年間予定に沿った仕事

月例報告などの資料作成は、すでに担当が割り当てられ、いちいち上司からのGOサインを待つ必要がない。そうした仕事は自分の裁量でスケジューリングしていく

人と会う約束

前週にアポ取りした予定。来週のことだからと、テキトーに予定すると、その週になってエライ目にあいやすい

4タイプを念頭に、予定を書き込んでいく。プライベートの予定は、備考欄に書いてもいいし、普通に書き込んでもいい

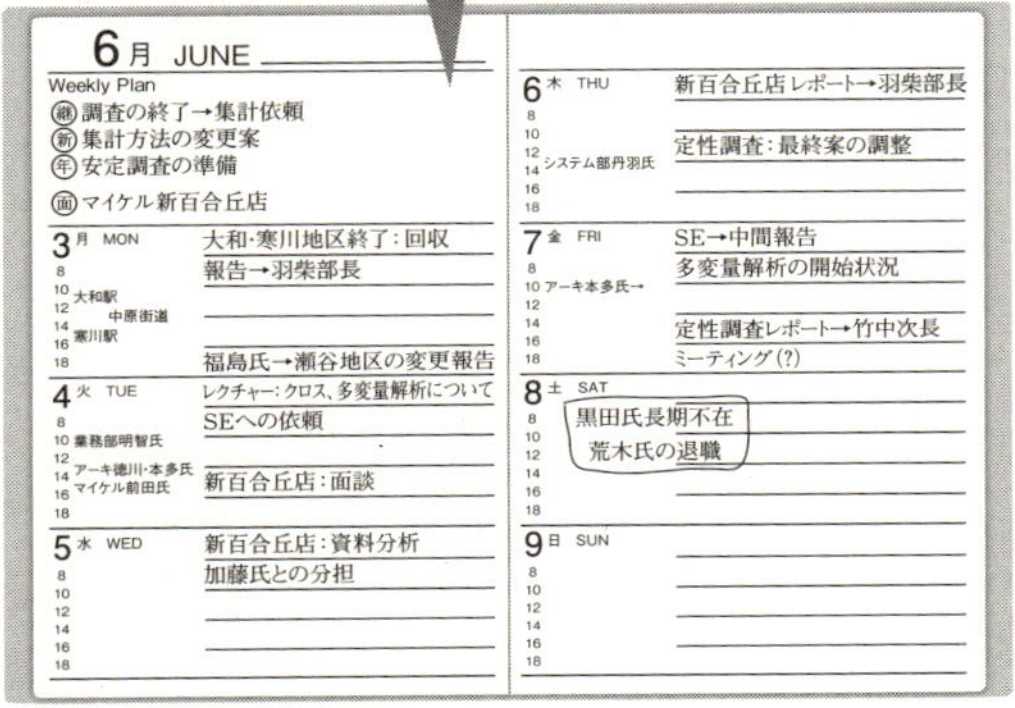

3 一日のスケジュールの立て方

一日ごとに優先順位を確認しよう

週間スケジュールに沿って、毎日の仕事を細かく決めていこう。優先順位で分けられた仕事をこなしていくのだが、この優先順位は日々変わるものだ。

したがって、**前日に翌日の仕事を決めていく**のがポイントだ。前もって決めていかないと、優先順位どおりの仕事ができなくなり、行き当たりばったりになる。

また、頭の中だけで予定せず、**必ず手帳に書き込む**。例外なく、翌日には忘れてしまうからだ。目で見て確認する行為が必要で、だからこそ手帳は欠かせないのだ。

一日のスケジュールの立て方には、ちょっとした注意事項がある。前日に予定を立てるとき、つい、あれもこれもと詰め込むケースが見られるが、これは週間スケジュールが正常に機能していないからで、ここから見直す必要がある。

実際の一日のスケジュールは、確実にこなせるものにしておきたい。そして、首尾よく終わったら、翌日以降の仕事を前倒しで進めていくことだ。

段取りポイント　**一日のスケジュールは、詰め込みすぎない。**

●1日のスケジュールを立てる

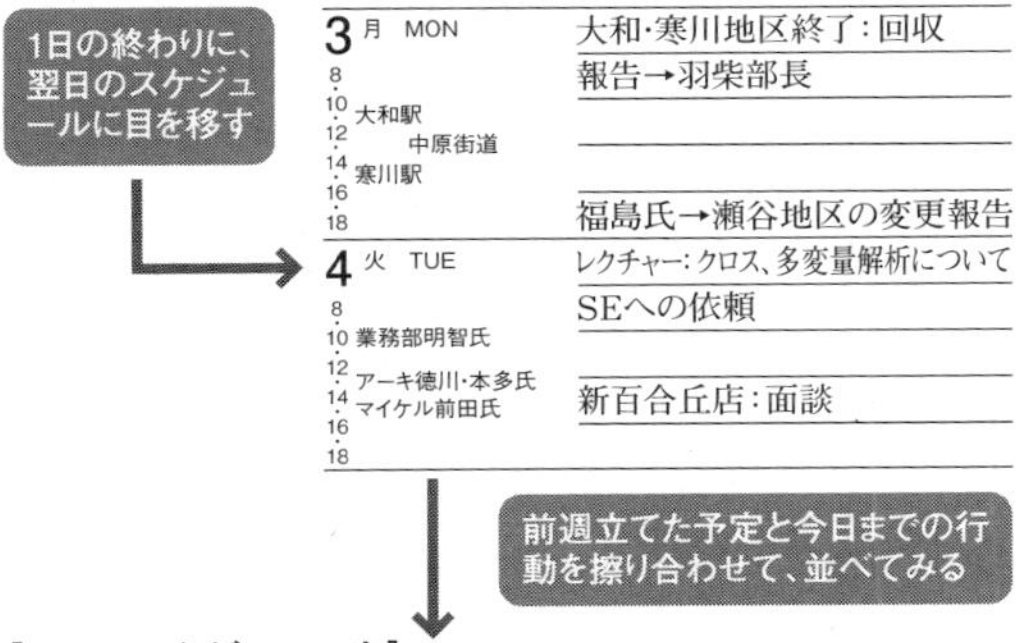

[一日のスケジュール表]

特性	時間	業務	見積もり
	9:00〜	部内ミーティング	15m
緊急	〜10:00	瀬谷地区・変更報告書の修正、提出	40m
重要	10:00〜11:50	明智氏からのレクチャー	1h50m
	11:50〜12:30	昼食	40m
重要	12:30〜12:55	移動	
	13:00〜14:00	アーキ徳川・本多氏とミーティング	1h
重要	14:00〜15:00	移動・レクチャーの復習	
	15:00〜17:00	新百合丘店前田氏との面談	2h
	17:00〜18:00	移動・新百合丘の資料閲覧	
	18:00	帰社・連絡事項確認	

ポイント

- 週間スケジュールを立てた段階では、10:00のレクチャーまでは空白だったが、今日までの進捗状況から急きょ予定を差し込んだ
- 13:00の予定に間に合わすために、午前のレクチャーを11:50終了で組んだ。これは飲食店が混雑する前にすますため
- 移動時間が長いので、書類等に目を通す時間とした

4 時間は一〇分、一五分単位で区切る

時間の過不足を見直そう

通常、時間の単位は三〇分、一時間、午前・午後、一日で区切っていることと思う。だが、段取り上手になるには、一〇分あるいは一五分単位で考えていく必要がある。

たとえば、五〇分でできる仕事に、予定は一時間あてたとしよう。面白いことに、人間は予定時刻に合わせて作業自体を調整する。これは、急ぎの仕事を間に合わす面だけでなく、余る時間を潰す面もあるということだ。皆さんも、思い当たるフシがあるはずだ。

しかも、一〇分余裕があったとしても、質が向上するケースは稀《まれ》で、変わらないか悪くなることもある。また、一〇分足りない予定では、当然、質が落ちるものだ。

これは、自分のペースでないからだ。時間が足りなくても、ありすぎてもいけない。

段取り上手の場合、「一時間あるが、四五分で終えて、見直しに五分あてる。残りは次の仕事の準備だ」。こんな割り振りが、考えずとも行なわれているのである。

段取りポイント
仕事時間を、区切りのいい数字におさめない。

●10分、15分単位で組む

自分で決定できない時間帯については無理に書かず、開けておく

見積もり時間を足しても1時間にならないのは予備時間をつくっているから

ここを30分とするとすべてが狂ってしまう

特性	時間	業務	見積もり
	9:00～	部内ミーティング	15m
緊急	～10:00	瀬谷地区・変更報告書の修正、提出	40m
重要	10:00～11:50	明智氏からのレクチャー	1h50m
	11:50～12:30	昼食	40m
重要	12:30～12:55	移動	
	13:00～14:00	アーキ徳川・本多氏とミーティング	1h
重要	14:00～15:00	移動・レクチャーの復習	
	15:00～17:00	新百合丘店前田氏との面談	2h
	17:00～18:00	移動・新百合丘の資料閲覧	
	18:00	帰社・連絡事項確認	

セットで予定を組むといい

とくに必要のない場合は書かない

相手がいるときの見積もり時間は、目標時間と考える

時間の単位

重要でも緊急でもない仕事ばかりなら、時間の単位は30分、1時間で事足りるが、現実にはこうしたスケジュール割となる

「時間」欄と「見積もり」欄の差異

- 時間欄で1時間の予定としても、見積もり欄まで一致させる必要はない
- 見積もり時間が少ないことで予備の時間となるし、次の仕事を前倒しで始めてもいいからだ

面談等の見積もり

相手あってのミーティングや面談は、時間帯指定がない限り、見積もりは困難である。切り上げ目標として臨むのがよい

5 手帳周りに必要なグッズ

あるもので間にあわすのではダメ

前述のとおり、予定を頭に記憶させるだけでは、失敗が目に見えている。そのためにも、手帳があるのだが、他にも必要なものをここで挙げておこう。

手帳には書くものが必要だが、これはシャープペンシルでもボールペンでも好きなものを使えばよい。ただし、何本も持ち歩くのは大変なので、手帳とともに携帯するのが困難なものは避けることだ。

そして、絶対に必要なのはふせんだ。ふせんがあれば、手帳の中の情報の移動がスムーズにいく。たとえば手帳に書き込んだ「情報」を移動させる必要があるときに、あらたに転記しなければならない。ところが、ふせんなら容易にできる。システム手帳でもリフィルを外せばいいが、手ごろなサイズで仮止めできるふせんの方が使い勝手は良い。

ふせんは、リフィルに数枚ずつはっておけばいい。

段取りポイント　**モノはシステム手帳と合わせて揃えるとよい。**

●手帳の周辺ツール

シャープペンシル

・手帳とともに携帯しやすい、クリップつき、消しゴムつきがよい
・消しゴムはすぐになくなるので、替えも用意しておく

ボールペン

・シャープペンシルに抵抗のある人はこちらでよい
・携帯する手帳には、多色ボールペンや消せるボールペンが便利である
・また、0.5ミリ以下の極細系も使いやすい

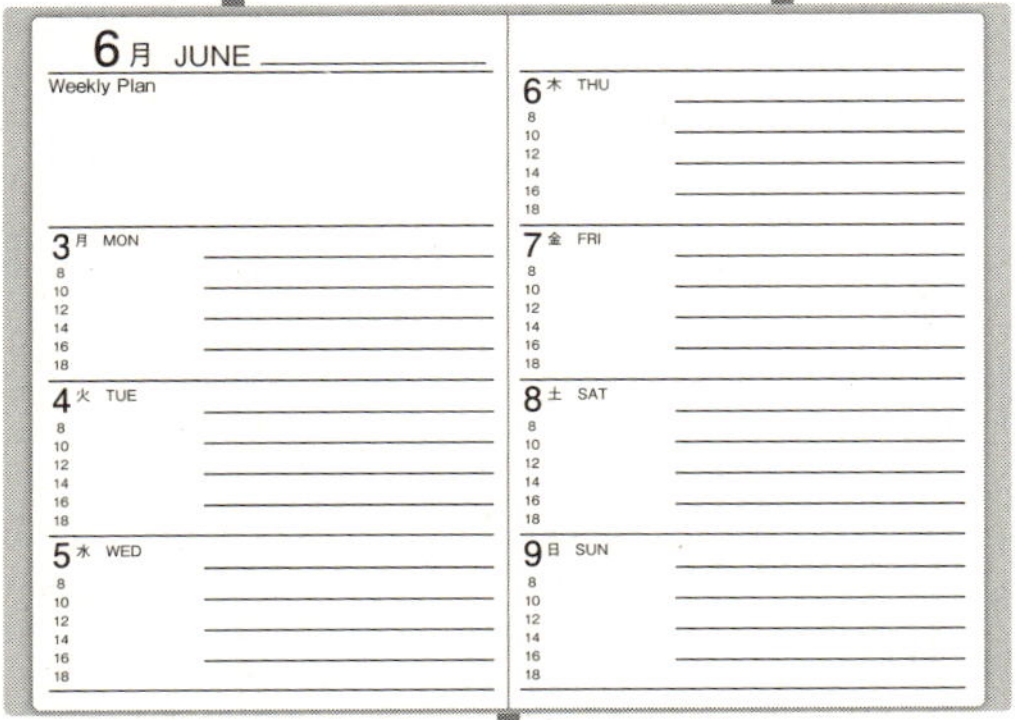

ポストイット

・見出しサイズ（50×15mm）よりも、75×25mmや75×50mmの方が書き込みやすく便利
・手帳にセットしやすいようになったリフィルもあるが、単純に手帳にはっておくだけでいい

6 重要な仕事の処理時間を予定に入れる

緊急の仕事に振り回されない仕組みをつくる

緊急の仕事と重要な仕事、一見すると同じくらい大切に思える。だが、実際には、緊急だが重要ではない仕事というのも多い。緊急な仕事が横入りしてくると、それまでやっていたことをとりあえず中断しなくてはならない。いつも緊急な仕事が存在すると、優先順位の低い日常業務はもちろん、重要な仕事にさえ手をつけることができなくなる。

重要な仕事を進めるときには、ある程度まとまった時間が必要だ。少しずつ時間を区切って行なう場合よりも、生産性がはるかに向上する。しかし、一日の行動予定をきちんと立てていないと、まとまった時間を確保することは難しい。

その時間をつくるために、メールや回覧書類のチェック、郵便物の開封、情報収集などは処理する時間を決める習慣をつける。お昼になったら無意識に昼食をとるように、昼食後には自然にメールをチェックするようになれば、立派な習慣だ。

段取りポイント　**習慣をつくり、重要な仕事にあてる時間を確保する。**

●緊急な仕事の処理

7 金 FRI
8
10 アーキ本多氏→
12
14
16
18

SE→中間報告
多変量の開始状況

定性調査レポート→竹中次長
ミーティング（?）

週間スケジュール

原則どおり、前日に翌日のスケジューリング

特性	時間	業務	見積もり
重要	9:00～10:00	レポート作成	3h30m
重要	10:00～12:00	アーキ本多氏とミーティング	2h
	13:00～	中間報告→明智氏、羽柴部長	20m
	13:25～16:00	レポート作成・提出	
	16:00～17:00	翌週分のミーティング→羽柴部長	45m

ところが当日になって、竹中次長とミーティングを行なうことになった

そこで、急きょスケジュールを変更

特性	時間	業務	見積もり
重要	9:00～10:00	レポート作成	3h30m
重要	10:00～12:00	アーキ本多氏とミーティング	2h
緊急	12:00～	定性調査:資料作成	30m
	～13:00	昼食	
	13:00～13:20	中間報告→明智氏、羽柴部長	20m
	13:20～15:50	レポート作成・提出	
	15:50～16:15	竹中次長とミーティング	25m
	16:15～17:00	翌週分のミーティング→羽柴部長	45m

ミーティング時間は、予備時間から確保することができたが、資料作成の時間は、やむなく昼食時間からの持ち出しに

7 同じような仕事は一度にすませる

雑務は一気にこなして能率UP！

仕事には、緊急で重要な業務のほか、毎日行なう業務がある。その数を比較すると、圧倒的に毎日の業務が多い。ということは、いかに毎日の業務を効率よくこなすかが、スケジュールを乱さないポイントだということだ。

たとえば、今日中に目を通さなくてはならない社内文書やメール、郵送文書が五部、図のようにバラバラの時間帯できた場合、どう処理すればよいだろうか。

これらを、来るたびにいちいち処理していては、仕事が中断して効率が悪い。あるていどたまった段階で処理する、あるいは読むだけに留めて、返信等は後でまとめて行なう方が、仕事の妨《さまた》げにならない。

毎日の雑務や電話連絡、配達物の手配、パソコンでの文書作成や資料のファイリングなど、類似した仕事をまとめて一度に処理することで、重要な仕事にかける時間を確保することができるのだ。

段取りポイント　**メール処理や文書の作成は、ひとまとめにしてこなす。**

●まとめ技の実践

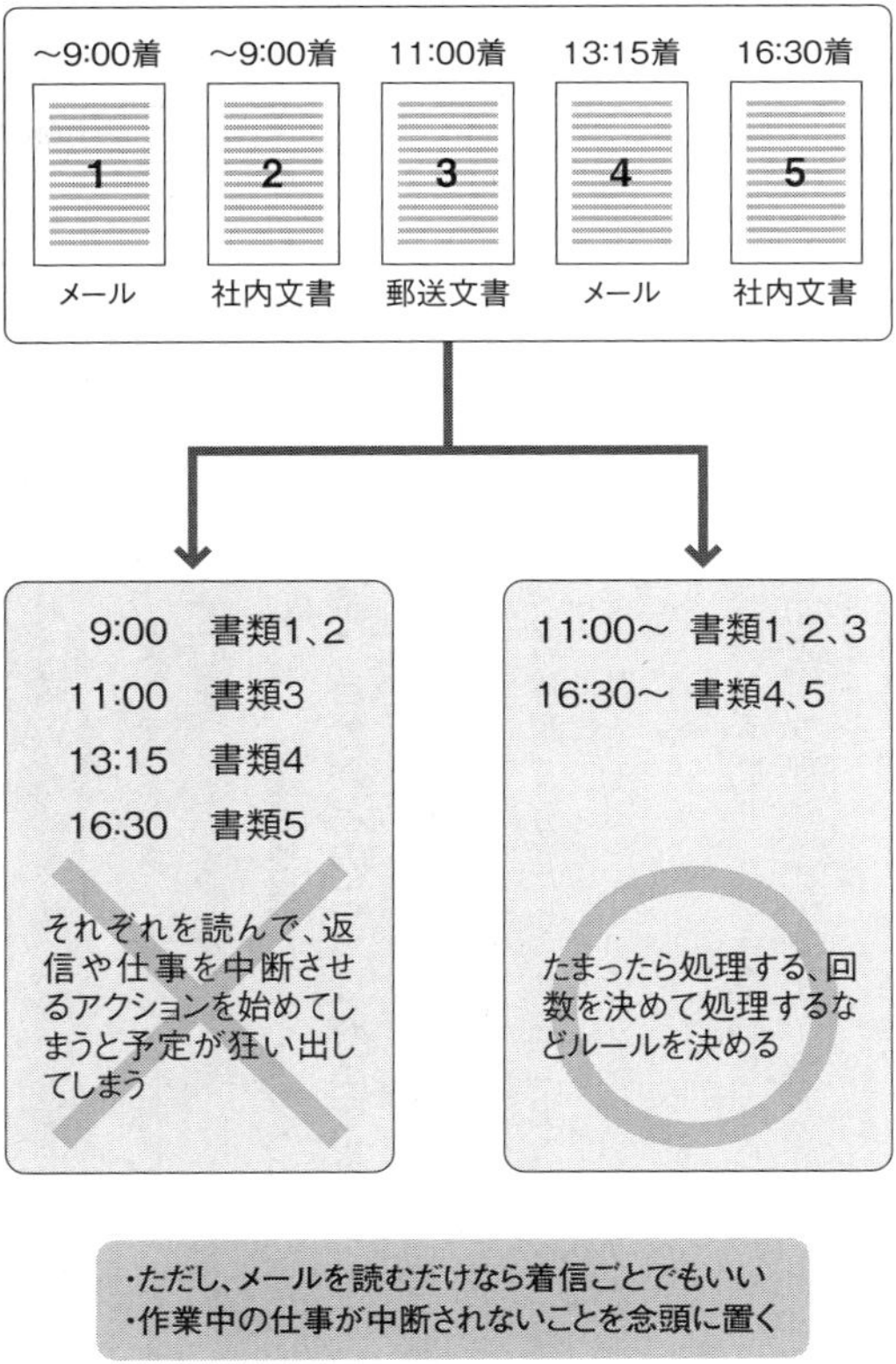
～9:00着
～9:00着
11:00着
13:15着
16:30着
1
2
3
4
5
メール
社内文書
郵送文書
メール
社内文書
9:00 書類1、2
11:00 書類3
13:15 書類4
16:30 書類5
それぞれを読んで、返信や仕事を中断させるアクションを始めてしまうと予定が狂い出してしまう
11:00～ 書類1、2、3
16:30～ 書類4、5
たまったら処理する、回数を決めて処理するなどルールを決める
・ただし、メールを読むだけなら着信ごとでもいい
・作業中の仕事が中断されないことを念頭に置く

8 会議を短時間で有意義なものにする

長い会議の片棒を担いではいけない

手帳を眺めてみると、やたらと会議、ミーティング、面談が組み込まれていないだろうか。そして、それらはたいてい予定時間よりも長引く。

会議が自分の仕事に関することであれば、**必要な資料やデータ**などを必ず揃えて、参加者に配付しておく。また、会議で**自分がどのような対応を求められているか**（自分が意見、アイデアを述べる場か、聞きに徹する場か）を把握すること。

そして、会議のような話し合いはとにかく脱線しやすい。自分が筋道をはずさないことと、静かな誘導を心がけることが短時間で有意義な会議にするコツだ。あからさまだと、出過ぎた真似とされるので「静かな」というのが腕の見せどころである。

ミーティングや面談など数人の打ち合わせも同じ。話を進めながら、切り上げ時をいつも意識することだ。また、静かな誘導の練習にもなる。

段取りポイント **静かな誘導が、会議時間を短縮させる。**

●切り上げの合図

「まとめますと～」

・会議、ミーティングではとくに有効
・役職者や仕切り役を見ながら言う。たずねるように言うと、カドが立ちにくい

「さて。」

・間を空けた後、一言。さらに続く言葉も間を空ける
・目上の集まる会議では簡単に使えないが、接待の場でも使える
・「まとめますと～」と併せ技で、役職者にこれを言わせるのが最適

中座するフリ

・立ち上がって中座するように見せて、ケータイを探したり、ポケットを探ったりする。話が転換しやすく、態勢を立て直したいときにも有効

モノをしまう

・ミーティング、面談ではとくに有効
・書類をまとめたり、仕事ノートを閉じる行為はわかりやすい
・ケータイやタバコをしまうなどもそう

トイレへ行く

・外での打ち合わせではとくに有効
・中座とは、もともと話の区切りがついた時点でするものなので、潜在意識に終了の合図にされている

時計を確認し、驚く

・褒められる手ではないが、最終手段として非常に有効
・相手が察知したところで、何でもないと言いつつ困った顔をすれば、間違いなく気を利かせてくれる

9 出張の準備は前日までに完了する

直前までの資料作成はすでに負けたも同然

ビジネスにつきものの出張だが、今日では日帰りにせねばならないことや、一日に何件かまわることも多い。時間がタイトな出張においては、そもそもの準備が前日までに完了していることが何より一番大事である。

そこで、直前は前倒しでスケジュールを組み、準備に必要な時間を前日必ず確保するようにする。仕事自体も、直前ではいつものペースで進めずスピードを上げ、また雑事などを喰らうスキを与えないことも大事だ。

当日、機内や車内でノートパソコンを使って書類作成すればいい、などという考えは絶対に起こさないこと。どうしても帳尻合わせした物足りない書類になるからだ。

最近は、機内や車内で無線ＬＡＮが使える場合もあり、作業自体は可能だが、お世辞にも能率が上がるとは言い難い。

むしろ、当日は頭の中で**これからする会議や商談のシミュレーション**をするほうが正しい。ときおり手帳を出してポイントをおさらいするなどして、本番に向けて

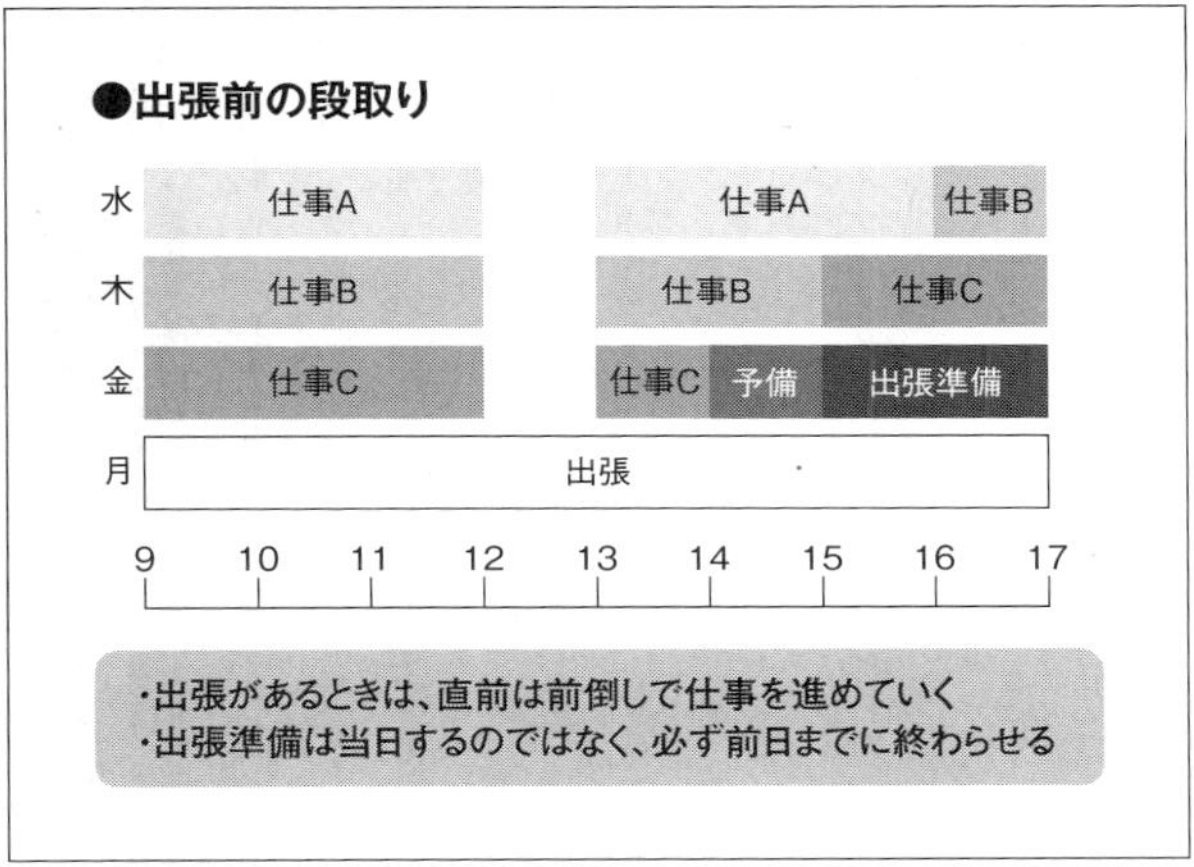

リラックスする方が断然建設的である。

また出張では、急な予定変更がしばしば起こる。ここでの対応は、**重要な用件を優先する原則に沿う**ことと、**こちらがイニシアチブを取って時間調整する**ことだ。相手に時間を設定させてはならない。

多少強引であっても、こちらは出張している身である。月に何度も通えるわけではないので、その辺りの事情を含めて説明し、時間設定できるようにしたい。

段取りポイント　**機内や車内では、仕事よりもリラックス。**

10 出張先で失敗しないための段取り

▼▼▼▼ 書類再提出など、時間をムダにすることは絶対避ける

直前までに準備を終えることが出張のコツだが、会議にせよ交渉にせよ、必要な書類はキチンと用意しなければならない。再提出などのムダを避けるため、この書類を不備なく用意するのが準備である。

そして一番悩ましいのが、どこまでが必要な書類であるか、である。

できることならすべての書類をプリントアウトして、クリアファイルに詰め込んでおきたいが、そういうわけにもいかない。そこで、紙の書類とデータの書類に、まず分けておきたい。紙の書類は、絶対に必要ですぐ取り出すことができる最重要の書類である。

そしてデータの書類だが、これはサブ的なもの。紙のようにすぐ提出できるわけではないが、プリントアウトできる状態にはなっているもの。また少人数の閲覧ならノートパソコンから見せることもできる。

そしてもうひとつ、不意に必要となったデータの書類。手元にはないが、会社のパソコンにあるようなものだが、これらは社にいる同僚との連係ですぐ送れる態勢

●書類をモレなく用意するには

・会社の同僚と連係して、会社にあるデータの書類をすぐ送信できる態勢をつくっておく

・ストレージサービスやファイル転送サービスはたくさんあるので、ネットですぐに見つかる

firestorage…http://firestorage.jp/
FileQ…http://fileq.lisonal.com/

にしておくのがベストだ。

そのためには、**データの書類がキチンと保管されていて、それを第三者がすぐ見つけることができる状態であること**だ。これは普段からの整理ができていなければならない。

さらに、これらの送信手段である。ファイルサイズが10Mもないワード、エクセルファイルならメールでもいいが、15M、20Mクラスのパワーポイントファイルやそれ以上の動画ファイルであれば、ストレージサービスやファイル転送サービスを活用する。

段取りポイント　**「もしも」の事態にまできっちり備えておく。**

11 帰宅前にデスクをきれいにする

モノを探す時間と手間を省こう

もともとスケジューリングが上手な人は、一日の仕事が終わって帰宅する際、デスク回りをきれいにしているものだ。

普段から書類や郵便物がいっぱいの人は、せめて一日の終わりにまとめて片づける習慣を身につけてほしい。

以前、私の身近にこんな人がいた。「仕事の途中で帰宅することになったら、デスクの上はそのままにしておく。書類はいくつも広げっぱなしで。そうすれば、次の日出勤したら、続きがすぐできるだろ?」

しかし、帰宅後のデスクには伝言メモや書類、社内で回覧する文書などが次々と置かれていった。置く側にしてみると、散らかっているデスクに大切な書類を置くと、他のものとまぎれてしまいそうで心配だ。緊急を要するものであれば、なおさら目にとめてくれるかどうか不安になる。そして、デスクの乱雑さにあきれてしまうのだ。

段取りポイント **使い勝手のいい、きれいなデスクを保つ習慣をつける。**

●デスク回りの整理

［デスク回りの整理とスケジューリングは、実は関連性が高い］

・デスク回りの整理は、モノ・情報の整理
・スケジューリングは、時間・予定の整理

・同じ経営資源の整理なので、スケジューリングができてデスク回りができない話はない
・目的は同じなので、今日から強く意識することから始めよう

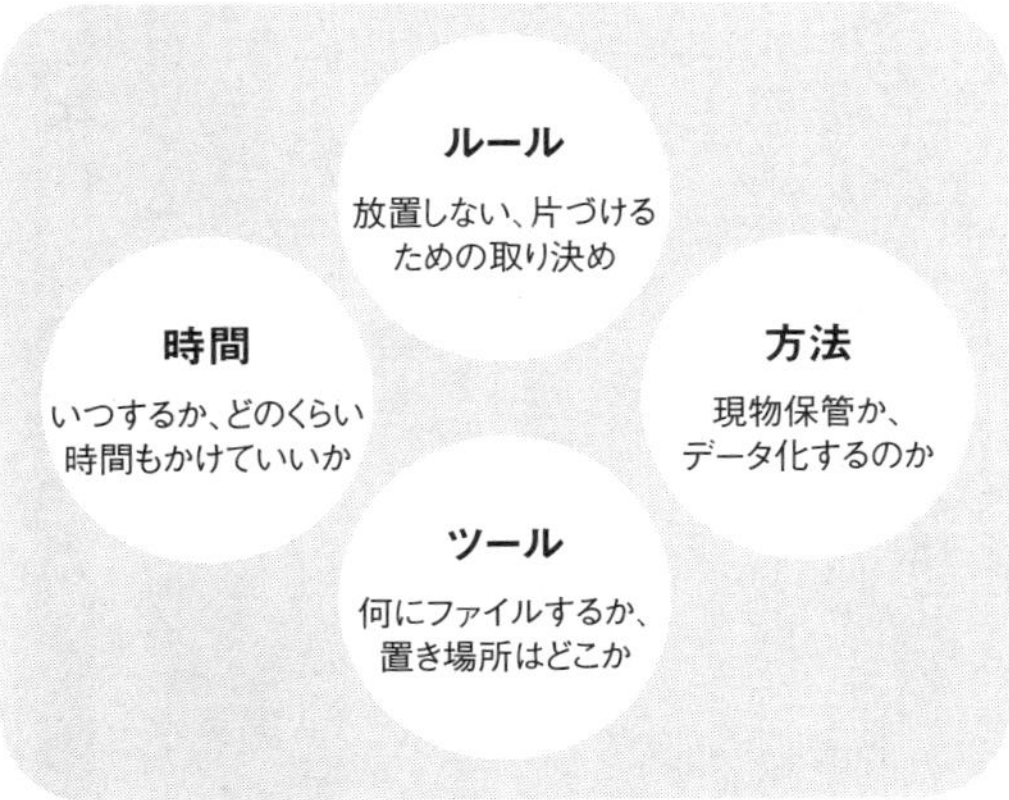
ルール
放置しない、片づけるための取り決め
時間
いつするか、どのくらい時間もかけていいか
方法
現物保管か、データ化するのか
ツール
何にファイルするか、置き場所はどこか

↓

こうした過程で整理された情報は、
翌日以降のスケジュールに大きく影響する

12 翌週のスケジュールを立てる

週間スケジュールは前週中に作成しよう

一日のスケジュールは、前日に立てるのがベストだと前述したが、一週間のスケジュールも同様に、前週のうちに立てるものである。たとえば、人と会う約束などは急ぎでない限り、翌週あたりに決めることが多く、前週に組むものである。また、継続の仕事となる見積もりも、当然、前週にしておくことになる。

同じように、新規の仕事も前週末に、上司から指示を受けることが多い。「これ、来週やってね」という具合である。つまり毎日の仕事のなかで、翌週のほとんどのスケジュールが作成・更新されているのである。したがって、スケジューリングも前週のうちに行なうのである。

作業的には、週間スケジュールの立て方の項にあるとおりだ。継続の仕事、新規の仕事、年間・月間予定からの仕事、人に会うなどの時間を割り振るのだ。

私のやり方は、ちょっと変わっている。いわゆる「きりのいいところ」で、お終《しま》いにしない。たとえば、終業時刻に近い四時五〇分に、きりのいい終わり方をしたとしよう。ふつうはあと一〇分あるとして、普通は軽く見直したり、同僚と雑談し

●予定と実際の仕事

特性	予定時間	業務	見積もり
	〜 9:00	雑務、メールチェック	
	9:00 〜	部内ミーティング	10m
緊急	〜 12:00	エクセルデータ作成	4h15m
	12:00 〜 12:45	昼食	
	〜 13:00	雑務、書類チェック	
	13:00 〜 14:30	エクセルデータ作成・提出	
重要	14:30 〜 15:00	羽柴部長とミーティング	20m
	15:00 〜 16:00	アーキ本多氏とミーティング	50m
	16:00 〜 16:20	報告書作成・提出	20m
	16:20 〜 17:00	翌週分のミーティング→羽柴部長	30m
	17:00	雑務、メール・書類チェック	

上司との重要なミーティングを控え、緊急の仕事をメインにした1日

↓ 実際の1日の時間を見ると…

特性	実際の時間	業務	見積もり
	8:45 〜 9:05	雑務、メールチェック	
	9:05 〜 9:10	部内ミーティング	10m
緊急	9:10 〜 12:00	エクセルデータ作成	4h15m
	12:00 〜 12:45	昼食	
	12:45 〜 12:55	雑務、書類チェック	
	12:55 〜 14:25	エクセルデータ作成・提出	
重要	14:25 〜 14:50	羽柴部長とミーティング	20m
	14:50 〜 15:00	資料整理	
	15:00 〜 15:40	アーキ本多氏とミーティング	50m
	15:40 〜 16:00	報告書作成・提出	20m
	16:00 〜 16:25	翌週分のミーティング→羽柴部長	30m
	16:25 〜 17:00	調査データの分析	3h
	17:00 〜 17:10	雑務、メール・書類チェック	

・実務では、仕事が片づき次第、次の作業に取りかかると抵抗なく進む
・この日は、16:25から空きができたが、次の仕事にかかりムダをなくした

たりであまり意味のない過ごし方をするものだ。私の場合、残り時間はまったく考慮せずに次の仕事に取りかかる。そして、またきりの悪いところで終了するのだ。

これをみて、「くそ真面目だなあ」と思うのは早計だ。私はスロースターター型で、いつも仕事の途中からでないと始められないからなのだ。仕事の最初が朝一番からとなると、なかなかエンジンがかからない。だらだら意味のないことを始めて、本業に取りかからないという悪癖のためだ。もし皆さんのなかでも、自分はスロースターター型だという方がいれば、私のやり方を実践するといい。そうでなければ、別に真似する必要はない。

さて今週、計画どおりに進んでいない仕事があったからといって、あせって来週の予定を詰めすぎてはいけない。一気に挽回するのではなく、少しずつスライドさせ、何日間かかけて取り戻す方が現実的だ。

無理をせず、他人に任せられることはないか、優先順位の低いものは延期できないかと割り振り、ある程度時間に余裕を持たせたスケジューリングを心がけよう。来週、また予期しなかった仕事が横入りするかもしれないからだ。

段取りポイント
きりの悪いところまでやったっていい。

Part
3

どんな仕事でも不可避で重要
コミュニケーション

1 コミュニケーション上手になろう

口数の問題ではない。見る、聞く、すべてが大事

コミュニケーションの大事さについては、いまさら説明するまでもないが、とくに最近では「コミュ力」と表現されるように、ひとつの能力としてとらえられている。「しゃべるの全然イケます。人付き合い得意です！」と自信満々に語る若者がいたが、これとコミュニケーション能力とは、実はあまり関係がない。

逆に「自分は人と話すのが苦手なんです。みんなの輪に入れなくて…」と悩む若者もいたが、これも自信をなくす必要はない。

いわゆる「コミュ力」というものは、雄弁さではない。マシンガントークなどむしろ迷惑なほうである。その反動みたいなもので、まったく話すことをせず、ひたすら聞くだけの人もいる。「沈黙は金～」というのは正しいことだが、だからといって会話に加わることなく無言の行を続けられては周りが困ってしまう。コミュ力はただ聞けばいいものでもない。ただの話し好きや聞き上手だけでは、根回しや説得、謝罪までをカバーすることはできない。

ビジネスのキーとなる場面での対応力が、ここでいうコミュ力と理解してほしい。

そして問題は、相手が「**気のあった仲間ではない**」ということである。若者から中年世代へのアプローチ、中年世代から若者に、あるいは男女の違いなどのギャップに合わせて仕事を進めていくということである。

しかし、これを「なんだか難しそうだなぁ」とは思わないでいただきたい。コミュ力の要諦は、どれだけ「相手のことを考えられるか」だからである。

相手のことを思うのは、何も難しいことではない。話したがっている、話したくないなどの態度は、表情やしぐさ、会話内容でわかるもの。

相手のことを考えながら、ときに話し、ときに話を聞く。用件をうまく進めたい、会話を盛り上げたいなど、自分本位でいてはうまくいかないが、相手のことを思えば難しいことではない。これらをうまくやる力が、コミュ力である。

話し下手、付き合い下手でもまったく問題ない。

コミュニケーション能力は、段取り上手の三要素のひとつ。自分がコミュニケーション下手だと思っている人も、ワンステップずつ確実に前進していってほしい。

段取りポイント

コミュニケーションは相手を思う気持ちから始まる。

2 ポイント① 「見る」

観察することから、何ごとも始まる

コミュニケーション上手になる第一のポイントは、相手をよく「見る」ことだ。見るといっても、ジロジロと眺めろというわけではない。さりげなくその人物を観察し、人となりを把握するのである。

同じ職場の人間でも立場はさまざまだし、性格も違う。同じことを伝えるにも、その人がどんな人物かを把握したうえで、言い方や表現を変えなければならない。たとえば職場の人間が作った報告書の内容に、間違いを見つけたとする。その人が親しい同僚か、後輩か、それとも上司かによって言い方が変わるのは当然。また人の言うことを素直に受け入れる性格か、異常にプライドが高いかによっても言い方は変わる。人によって立場は違うし、受け取り方も違うからだ。

気の合う同僚以外と、よい関係を築いていくのは難しいかもしれない。しかしビジネスマンとして成功するカギは、どれだけ幅広い人脈を築けるかにかかっている。そのためにも、コミュニケーションの基本である「人を見る」ことは、段取り上手への第一歩。普段から意識して人を見て、観察することをクセにしたい。

●見ることの重要性

人をよく見る → コミュニケーションの基本

・人によって、立場や受け取り方が違うことを理解する
・その人に最もふさわしい言い方がある
・人がどのように自分を見ているのかも考える

人物カードを作成する

・自分の人脈をデータベース化
・専用の用紙を用意して、記入していく
・名前、特徴、印象、交友関係、趣味などを記入

見て感じたことを、手帳などに書き残すのもいいだろう。専用の「人物カード」を作るのも効果的である。

「人物カード」とは、その人の名前や連絡先、会社（職業）、印象、交友関係、どんな業務に関わっているかなど、会話の中でわかった範囲で書いていくものだ。

わかるなら趣味などもメモしておくといい。とくに毎日何人もの人に会うならおすすめだ。

ただしプライベートな内容も含むので、第三者に見せたり、目にふれるようなところに置いておくことは厳禁である。

段取りポイント　**人に会ったら「観察」せよ！人物カードも効果あり。**

3 ポイント② 「聞く」

聞き上手は、とにかく信頼される

人は誰でも、自分の話を聞いてもらいたい。自分の考えをしゃべらせてもらえたら、よい気分になってしまうものだ。会話の基本は「言う」が2に対し、「聞く」が8くらい。

「話し上手は聞き上手」なんてことも言われるが、コミュニケーション上手な人ほど、相手に話をさせ、自分は聞き役に回っている。聞くという姿勢は、日本人には特に欠けている。自分ばかりがしゃべることに夢中になっている人は、意識して改善したい。

また、人の話を聞き流していてはいけない。しっかり耳を傾け、誰が何を言ったか忘れないようにしておく。

場合によっては、会話の内容をメモしておくのも重要だ。会話の内容を忘れないということはもちろん、マメな人という印象を相手に与えることができるし、「自分の話をよく聞いてくれているのだな」とよい気分にさせることもできる。ただし、メモを取り始める前に、「メモを取ってもよろしいでしょうか」と一言断わり、

●聞くことは大切

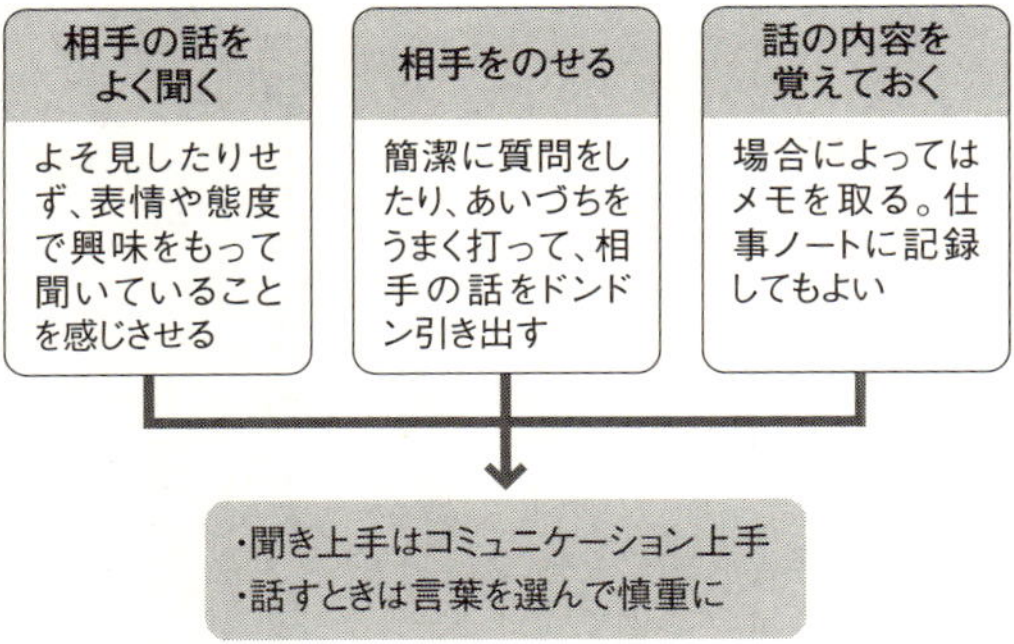
相手の話をよく聞く
よそ見したりせず、表情や態度で興味をもって聞いていることを感じさせる
相手をのせる
簡潔に質問をしたり、あいづちをうまく打って、相手の話をドンドン引き出す
話の内容を覚えておく
場合によってはメモを取る。仕事ノートに記録してもよい
・聞き上手はコミュニケーション上手
・話すときは言葉を選んで慎重に

あくまでもさりげなくだ。相手の目も見ず、ずっと下を向きっぱなしでガリガリ書いているなんてのはいただけない。

また、自分の知りたいことだけを矢継《やつ》ぎ早《ばや》に聞こうとする人がいるが、これは失礼。「僕が必要なのはあんたの持ってる情報だけで、あんたには別に興味ないんだよ」とでも言わんばかりだ。話の切れ目で上手に質問をし、あいづちで相手をのせて、あくまでも相手に自主的にしゃべらせるのが大切だ。

会話では受け応えも大切になる。ビジネスでは、「はい」「ええ」と丁寧に対応するのが基本。テレビなどで、アナウンサーのインタビューを観察するのも勉強になる。

あいづちで話の展開を変えることもできる。快活な「はい」とは違う、疑問を帯びた「はい？」でより詳しい説明を求める意味をつけられるし、大きくうなずきながらの「はい！」なら既知の話として先に進めることができる。このようなコミュニケーションの取り方までできるようになっておきたい。

段取りポイント

「聞き上手」になることが、会話をスムーズにすすめるカギ。

4 ポイント③「考える」

考えないことは簡単。だがそれではダメ！

相手の話に耳を傾けるのは大事だが、「聞く」だけでは、あまりにも一方的なコミュニケーションである。自分の話をひととおり聞いてもらったら、相手の意見も聞きたいと思うのは当然だ。

相手の意見に考えをめぐらせて、あらためて自分の意見を述べるように、互いの考えを客観的に集約させる。ここまでできて、初めてコミュニケーションは完成するのである。

よりよい会話を成り立たせるには、日頃からさまざまな問題について自分なりに考え、自分の意見を持っておくことである。何も考えていなければ、言うこともないからだ。ミスをしたら何が問題だったかを考え、よい対処法を考える。人の意見に耳を傾け、自分なりの意見や問題意識をもつ。会話の中で、人から聞いたことをそのまま繰り返したり、どこかで読んだことを繰り返していたのでは、相手も退屈してしまう。

しかし、「考える」ことは面倒な行為である。対照的に、考えないで人の命令ど

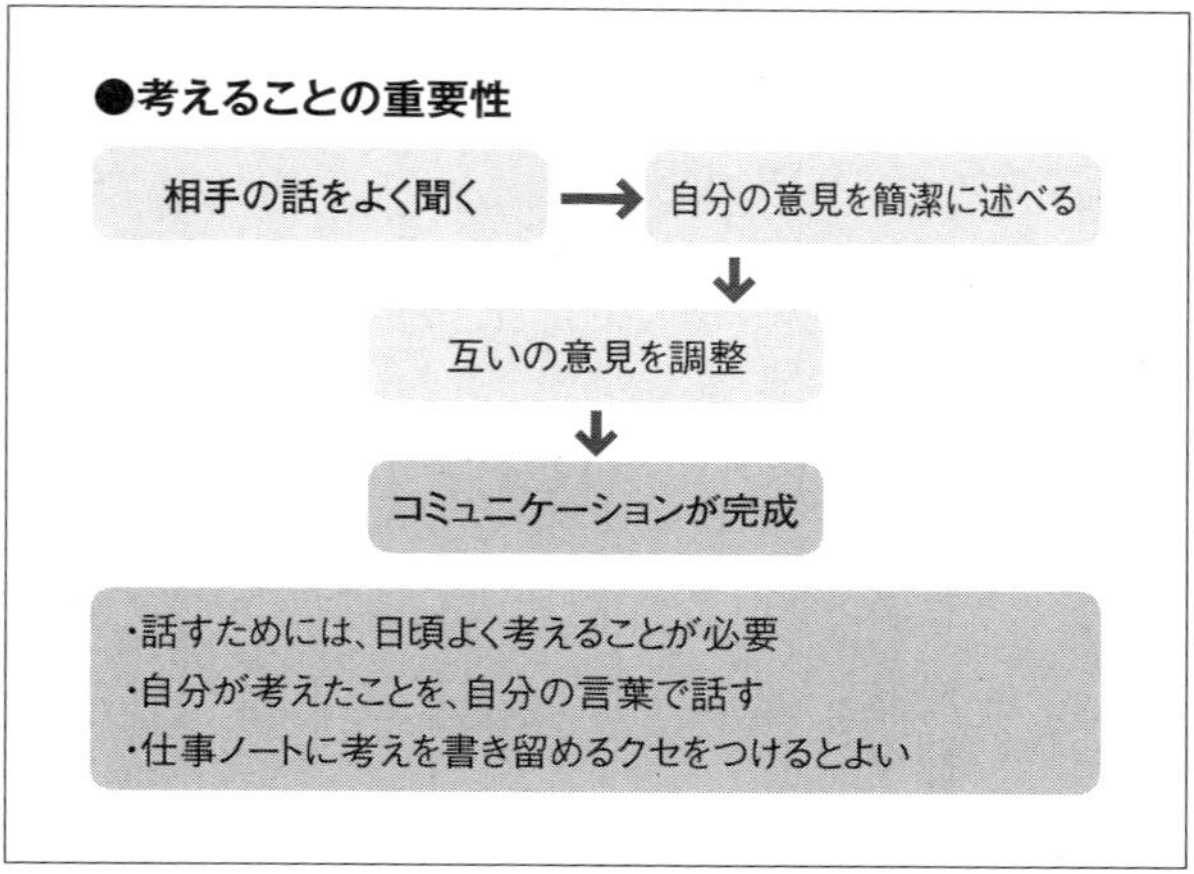
●考えることの重要性
相手の話をよく聞く
自分の意見を簡潔に述べる
互いの意見を調整
コミュニケーションが完成
・話すためには、日頃よく考えることが必要
・自分が考えたことを、自分の言葉で話す
・仕事ノートに考えを書き留めるクセをつけるとよい

おりに動くほどラクなことはない。仕事においても、ついつい人の言いなりという者も少なくない。考えないことに慣れてしまっているのである。

しかしそれは、あくまでも不本意な仕事を滞《とどこお》りなく進めるための、非常手段。すべての日常にまで及んでしまっては単なる「逃げ」でしかなく、同情の余地はない。

考えるクセをつけるには、後述する「仕事ノート」を作り、仕事の内容や自分の考えを逐一記録しておくといい。書くためにいろいろなことを考えるようになるし、文章にして書きとめることで、考えをまとめるクセがつくようになる。

またいくら自分の考えたことでも、時

間がたつとすっかり忘れてしまうもの。記録を残しておくという意味でも、書いておくことは重要だ。何年かたってから仕事ノートを読み返し、「あの頃はまだ若かったな～」などと悦に入るのも、また楽しいものだ。

段取りポイント　**「考える」ことを怠らず、常に自分の意見をもっておく。**

5 ポイント④「話す」

言葉の重みは人間としての評価につながる

「うまく話す」とはどういうことか。立て板に水のようにしゃべることと思っている人もいるだろうが、それは誤解。ダラダラ言葉を並べても意味はないし、軽薄な印象を与えるだけだ。言葉が多い分、結局何が言いたいのか相手に伝わらないし、悪い印象ばかりが残る。また緊張するとつい早口になるが、相手が理解できるペースで話すことが大事だ。

会話の基本は「聞き上手」だが、相手への質問とあいづちの合間に、言葉を選んで自分の意見を述べるようにする。回数は少なくていい。たまに発する言葉だからこそ、より相手の印象に残り、重みを増すのだ。ただ思ったことを言い放つのではなく、簡潔に明瞭に話すよう注意したい。

そして自分の真意が正しく伝わるよう心がけ、相手に誤解を与えない。これはなかなか難しく、場数を踏む必要がある。しかしもし誤解が生じたら、なぜそうなったか原因を考え、仕事ノートなどに反省点として書き残しておく。「そんなつもりじゃなかったのに……」ということが二度とないよう努力したい。

●話し方の基本

- 話は簡単明瞭にまとめる
- 言葉を選び、的確な表現を心がける
- 否定的なニュアンスで話さない。不安な態度を表に出さない
- 日頃からよく考えて自分の意見をもつようにし、語彙も豊かにする
- 相手に誤解を与えない話し方をクセづける
- 落ち着いてゆっくり話す。ペラペラしゃべりすぎたり、モグモグとはっきりしないのは×
- 要点を必ず伝える

また、何かを言う前に必ず「えーと」「あのー」などをつけるクセは直しておく。無意識のうちについつい出てしまうが、歯切れが悪い印象を与えるし、あまりにも続くと聞いているほうもイライラしてくる。

「つまりですね……」「それでですね……」を繰り返すのもよくない。意識していると次第によくなるので、早いうちに直しておこう。

「いや……」「けど……」と否定的な言葉がまず出るクセも絶対にダメ。自信のなさが出てしまうと、相手に不安を与えてしまう。

段取りポイント　**言葉を選び、簡潔・明瞭を心がける。**

6 ポイント⑤「書く」

文章は、読み返して初めて、他人に見せられるものとなる

最近はとくに、「書く」よりもキーボードで「打つ」の方がしっくりくる感だが、ここでは同じことして話を進めたい。

メモ、ファックス、手紙、報告書、日報、メール、レポートとビジネスの場では書く作業が思う以上にあるものだ。そして困ったことに、ここが苦手だと周囲からの評価はガクッと下がってしまうのだ。

第一に、字が汚い。これは下手であることとは違う。丁寧に書いていない字のことだ。およそ、相手が読むのに苦労することなど、これっぽっちも頭にない字で、最悪だ。当然、こんな字には気持ちがこもってないし、誤りも多いから、さんたんたる評価だ。**下手でもいいから、丁寧に書く**ことだ。

次に、話すことと同じで、**結論から書いていく**ことだ。話を簡潔にまとめることは、どの表現も共通しているのだ。

誰かの私的なブログを見ると、ダラダラとした文章をただ綴《つづ》っていることが多い。だが、ビジネスであれば、まったくの問題外。話の構成・まとまりに注意しな

●書くことの重要性

文書作成は慎重に →

・書いた人の性格や人間性、事務処理能力も判断される

・話し言葉と違って、証拠として残ることも意識する

読む側の立場に立つ

・正確に内容を伝える
→結論から書く。簡潔に書く

・相手が不快にならない文章
→汚い文章、誤解を受ける文章、感情的な文章にしない

がら書いていくのだ。

誤解のない表現、言葉を使うことも大事だ。紛らわしい言い回しや、どっちとも取れる書き口調はトラブルの元である。

最後に、**語彙や定型句をひとつでも多く覚える**ことが、正しく書くコツである。

文の締めに、「以上宜しくお願いします」と、こればかりの手紙も何だか物足りない。「……となりましたが、くれぐれもお体ご自愛ください」とあるだけでも、全体の印象が大きく変わるのだ。

段取りポイント

書面には人間性まで表れる。会話以上に慎重に。

7 ポイント⑥「初対面」

就職面談で鍛えた技を見せろ

「人は中身。外見なんて気にすることないさ」などとノンキなようでは、せっかくのビジネスチャンスを逃すことになる。人の印象は、会った瞬間一〇秒程度であらかた決まってしまうもの。初対面の場合、その人を評価する基準は「外見」しかないのだから、最初にどれだけよい印象を与えられるかが、その後の展開を大きく左右する。

初めて営業にやってきた人間が、シワシワのスーツにひん曲がったネクタイでは、迎え入れるほうも引いてしまう。「服装には興味がないんだ」は言い訳にもならない。興味がなくても、ビジネスなのであり、どうすれば印象がよく見えるかを研究すべし。自分に似合うスーツの色などを、同僚のアドバイスを得るなどしておくといい。

重要なのは服装のセンスよりも、身だしなみがいかにきちんとできているかである。

髪は清潔感のあるヘアスタイルにして、ネクタイはきちんとしめる。ワイシャツ

●名刺交換のルール

- ・自分の名前を名のりながら、右手で差し出す
- ・座っていても、必ず立ち上がって渡す
- ・目下の者から、場合によっては訪問した者から先に出す
- ・相手の名刺をよく確認しながら受け取る
- ・相手の名刺をポケットに入れるのは×。名刺入れに入れるか、テーブルに置く
- ・すぐに相手の名前を覚え、話の中で名前を呼ぶようにする

の袖口や襟元は清潔に保ち、靴はつねに磨いておく。また食後には歯を磨いて、口臭予防を忘れずに。「生理的にダメ」なんて思われてしまったら最悪である。人に会う前は、最低でも鏡を見るくらいのことはしておきたい。

立ち居振る舞いや姿勢も大事。背筋は常にピンとまっすぐ。貧乏ゆすりや、髪をやたらとかき上げるといったクセは、相手に不快な印象を与えるので早めに直したい。

さて、初対面の相手とは、当然名刺交換となる。名刺がどこにあるのかわからずあっちこっち探してみたり、出した名刺がグシャグシャだったり手垢《てあか》で汚れていたのでは、人格まで疑われる。名刺は

名刺入れに保管し、切らさない。そして相手に会う前に名刺のある場所は確認しておくこと。

以上のことは、すべて基本中の基本。入社前に就職試験の面接でもう鍛えられているだろうから、いまさら言うまでもないだろう。その調子であとは場数を踏み、さらなるステップアップを図ってほしい。

段取りポイント

第一印象はその後の展開を左右する。身だしなみは常にキチンと。

8 ポイント⑦「気くばり」

気まぐれでなく「当たり前」の気くばりを

社内ではコミュニケーションが大切、だから仕事中は声をかけ合って緊密な連係を取る、でも普段は……。

じつはコミュニケーション法で一番理解されにくいのは、相手を思いやる気配りである。仕事で必要なときだけ声をかけるが、後は知らないよという態度では、段取り上手の道など、険しいの一言だ。

会話中、相手が言葉につまる。つまり……、つまり……と言うばかりで先の言葉が出てこない。こういうときに、そっと質問形式で「○○ということですか？」とサポートするのが気配りだ。こういうときに、ボケッと相手が言葉を見つけるのを待っていたり、ニヤニヤ眺めていたりするようでは、気配り人間とは言えない。相手の助かることを、サラリと嫌味なくするのが気配り人間だ。

えんぴつ一本拾ってもらうのでも、うれしいものである。しかし、拾ってくれないのはえんぴつ一本でも不快な気分になる。

課内のみんなが慌ただしく動いているときに、自分だけ素知らぬ顔でお茶モードしているよりは、手伝う意思表示をするのが気配りである。たとえ自分に、すぐ別の仕事が来るにしても、「それまでの間なら、何かできるよ」と一声をかければ、周りはうれしい気分になる。

さらに、「電話取りは女や新人がやることだ」と知らんぷりしてるのも、気配りの気持ちがひどく欠けていると言わざるを得ない。

とくに電話などは、みんなが忙しくしているならば、社内の慣例がどうであろうと、気配りの気持ちを見せておきたい。

つまり気配りとは、日常のあらゆる場面で起こることであり、普段の心がけができていなければならないのだ。気まぐれの気配りではダメだ。身についた気配りを目指したい。

段取りポイント　**さりげない気くばりは、職場の人間関係の潤滑油。**

9 ポイント⑧「謝罪」

相手にしっかり怒られてくることが目的。逃げてもムダ

ある人に仕事を頼んだところ、連絡もないまま納期が二日も遅れた。自分から何も言わないので遅れた理由を聞くと、「他の仕事がたてこんでいたので……」と一言。

まっ先に「申し訳ありませんでした」と言うべきなのに、それができない。これでは相手の逆鱗《げきりん》にふれるだろうし、二度と仕事がもらえなくても仕方ない。

どんな人間にも間違いはある。ミスを怖れていては、大きな仕事は成し遂げられない。大切なのは、ミスしたときいかにうまく対処するか、その術を身につけておくことだ。

ミスを犯したら、まず言葉で丁寧に謝罪をし、頭を下げる。頭を下げると言っても、ペコッと首から上だけを下げるのは失格。まずは姿勢を正し、「申し訳ありませんでした」と腰から体を折るのが基本である。

謝罪の際に、絶対にしてはならないのが言い訳だ。「忙しかったもので……」と謝罪よりも先に言い訳を口にする人がいるが、ビジネスマンとして失格である。

●謝罪の基本

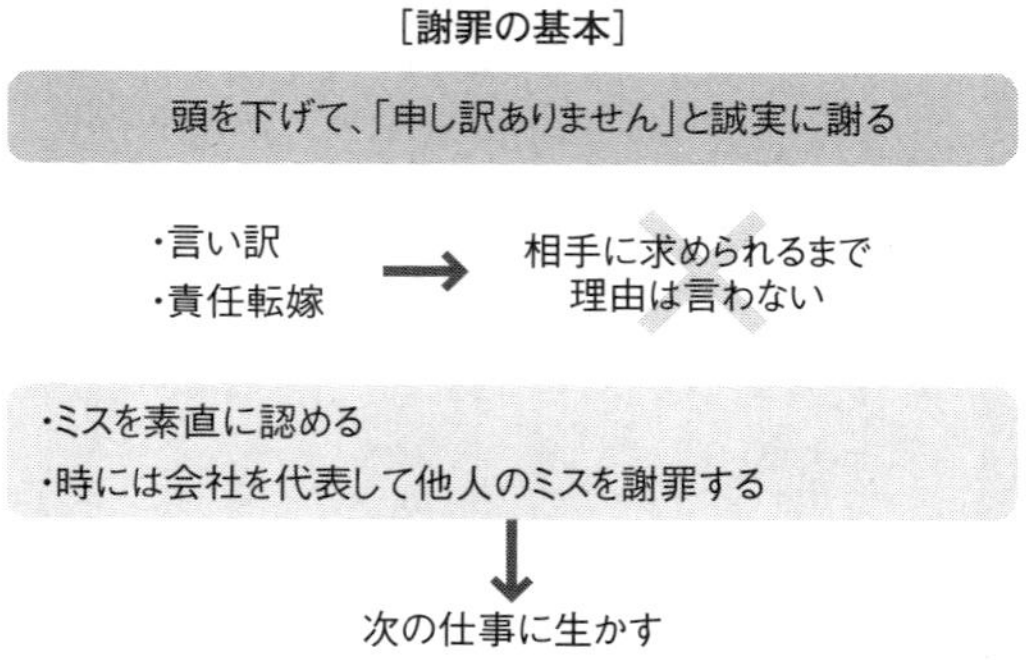

言い訳は一切せず、相手の言うことをひたすら聞く。あいづちを打ちながら、「申し訳ありません」とただただ謝罪。「一体どういうことなのか？」と相手が理由を聞いてきたら、そこで初めて事情を説明する。場が落ち着いてきたら、解決策や改善策などを話し合う。「○○さんの言ったとおりやったんですけど……」と他人に責任転嫁するのもダメだ。

　また、自分のミスではなくても、謝罪しなければならない場面にも出くわす。「……という失礼があったそうですが」とか、「……だそうで」は、いかにも自分の責任ではないという言い草だ。自分も会社の一員なのだから、責任転嫁せず、会社を代表して謝る姿勢が大切だ。理不尽だが、我慢である。
ビジネスマンとして最も大切なことは、同じ過ちを繰り返さないことだ。落ち込んだり、他人に怒りをぶちまけたりするのではなく、仕事ノートなどに反省点を書き留めて教訓とし、今後に生かしたい。

段取りポイント

謝罪に言い訳は不要。責任転嫁せず、誠意をもって謝る。

10 ポイント⑨「断わり」

相手に落ち度のない断わりができればベスト

人からの頼みを「断わる」のは難しい。断わり方ひとつで、今後の仕事に大きく影響することもある。まずは相手の申し出によく耳を傾け、相手の気分を害することなく上手に断わりたい。

断わるという行為は、自分がどんな立場にあるかによって、難しかったり簡単だったりする。たとえば自分の部下や、たいした付き合いのない業者からの申し出を断わるのは、それほど苦ではない。

しかし断わりやすい立場であっても、相手の希望に添えないことを、丁寧に伝えなければならない。うらみを買ったり後々しっぺ返しされたりするほど、割に合わないものはないからだ。

一方、いつもお世話になっている取引先からの依頼や、こちらから言い出した申し出を撤回するときなどは非常に気を使う。そういう場合は、腹を括《くく》って謝罪のつもりで臨み、誠意をこめて「申し訳ありませんが……」と頭を下げる。この潔さが、後々相手に好感を与えることが多い。

●上手な断わり方のポイント

相手の申し出をよく聞く	相手の申し出に感謝する
決して相手を軽んじていないことを態度でしめす	できるなら期待に応えたい旨を、態度や言葉で表現
丁重に断わる	**早めに断わる**
後々のことも考え、どんな相手にも丁寧に断わる	断わる機会を逃さず、相手に余計な期待をさせない

謝罪する際には、希望に添えなくて残念であることを伝え、「私どもの体制がまだ不十分でして……」など、相手に責任がない含みをもたせる。そして、どれだけ上手に断わっても、そのときの心証は最悪だろうから、十分な覚悟が必要だ。

はっきりと断わらず、あいまいにする方がいい場合もある。「また次の機会に」「前向きに検討します」は、ほとんどの場合は断わり文句である。相手を傷つけたくないケースで用いるが、誤解を招きやすいので要注意だ。

断わる場合は、できるだけ早く相手にその意志を伝えることが鉄則。さんざん期待をつのらせた後で断わられたら、相手の不信感は一気に爆発するだろう。

段取りポイント　**断わるときは、誰に対しても丁寧に。**

11 ポイント⑩「根回し」

「ちょっといいかな?」は、実は大事な根回しのひとつ

根回しとは、物事を決めたり会議に臨むとき、事前にキーパーソンに会って状況を説明したり、あらかじめ賛同を得るということ。聞こえがよくないので毛嫌いされるが、仕事をスムーズに進めるためには絶対に不可欠なものだ。「昼飯でもどう?」「お茶でもしない?」という軽い誘いも、友人同士の間柄でなければ明らかに下準備・下交渉の類《たぐ》いだ。

つまり根回しというのは、ビジネスマンなら誰でも経験していることなのだ。

根回しをしておけば、いざ商談の場になって、予想外の悪い展開になったり、交渉が決裂するのを避けることができ、スムーズに話が進む。ビジネスを成功させるには、この下準備は絶対に欠かせない。根回しのイメージは密室での会談だが、もっとオープンに気楽に考えたい。

根回しには二つのパターンがある。ひとつは**キーパーソンにあらかじめ賛同を得ておく**もの。そしてもうひとつは、**反対者にあらかじめ概要を伝えることで、交渉テーブルでの衝突やゴタゴタを回避する**ものである。

●根回しを心がける

根回し → 仕事をスムーズに進めるための下準備
ビジネスには不可欠

賛同者	反対者
とくに反論がないという意思を確認する。自分にも自信がつく	あらかじめ概要を伝え、ワンクッションおいて交渉の場でのバトルを避ける

・昼食や夕食、お茶などに誘って、コミュニケーションをはかりつつ話をする

・悪いことではないので、気楽に考える

特に反対者に対する根回しの際は、こちらの主張を一方的に訴えるだけではダメ。自分の主張を伝える以上に相手を立て、相手の意見を誠意をもって聞くことが大切。相手が味方につくこともありうるため、慎重に、上手に行ないたい。

根回しの場となるのは、昼食、午前・午後のコーヒータイム。ゆっくりと夕食というシチュエーションもありうる。

なお安易な根回しは、こちらの評価を落とす〝猿知恵〟でしかない。状況や人を十分に見てから行なうことが大切だ。

段取りポイント　**ビジネスに根回しは不可欠。慎重に上手に利用する。**

12 「説得」

ポイント⑪ 十分に内容を理解し、テクニックを使う

仕事であれば、誰かを「説得」しなければならない場面はよくあることだ。ここでは、相手を説得するテクニックを二つ紹介しよう。

ひとつは、**自分が説得された形にもっていく方法**だ。

説得をする際、こちらの「正当性」のみで押し通してもダメ。人は他人の決めたことを押しつけられるのを嫌う。しかし反対に、自分で決定したことについては、積極的に実現しようと努力する。最初から自分の目的をぶつけないで、質問を繰り返してさりげなく相手を誘導し、最後には相手が自分で結論を下したかのようにもっていく。つまり相手に勝ちを譲るように名を与え、実は自分が取るのである。

もうひとつは、**共感を生み出すことから始める方法**だ。

まず最初に、実現できない高い要求でお互いにダメ出しをする。「そんなこと現場では皆できないと言っているんですけどね〜」という具合だ。するとなごやかな雰囲気のなか、相手の心に、自分に共感する気持ちが芽生えてくる。共感すると、人はそのよい関係を維持したい心理が働く。まず共感することで互いのよい関係を

●説得のテクニック

相手を誘導	共感を利用
最初から本命を言わない。質問でさりげなく相手を誘導し、相手がさも自分で結論を下したかのようにもっていく	最初に実現不可能な要求をネタにして、互いにダメ出し。共感することで互いの良い関係を築いてから、本題に入る

築き、本題の説得に入るのだ。

なお、説得にあたる際、説得しようとする内容や正当性を、自分が十分に納得して理解していることが重要。そうでないと、まさに「説得力」がないということになり、相手を納得させるのは難しい。

また実際に説得にあたる場面では、事前に十分に準備をし、実証のための資料を用意しておくといい。

ただし資料など説得の小道具を出すときは、押しつけがましくならないようにする。自分はあくまでも下手に出て、反感を買わないようにしたい。

段取りポイント
説得はストレートでなくテクニカルに行なう。

13 ポイント⑫「報連相（ほうれんそう）」

シャレとしては低レベルでも、意味は最高に奥深い

入社式の社長あいさつで、「ビジネスの基本は『ほうれんそう』……」という話を聞いた人も多いのではないだろうか。「ほうれんそう」とは「報・連・相」のことだ。

毎日の業務をスムーズに進めるには、上司への「報告・連絡・相談」が不可欠というところからきたものである。新入社員向けスピーチの古典的なネタなのだが、実はビジネスの本質をついた、奥の深い言葉なのだ。

まず上司への報告は、「できるだけ早く」が鉄則。「あの件はどうなったんだ?」と聞かれてからでは遅い。また長期に渡る仕事の場合は、すべてが終わってから報告をするのではなく、中間報告も必要だ。自分がまだ仕事を全面的に任される立場でないのなら、中間報告の回数は当然多くなる。

報告はできる限り簡潔にすることが大切。最初から最後まで、経過を逐一《ちくいち》報告する必要はない。まず最初に、結果を手短かに報告。上司が経過や理由を聞いて来たら、それから説明する。あらかじめ何を報告すべきか整理しておくと、要領よく伝

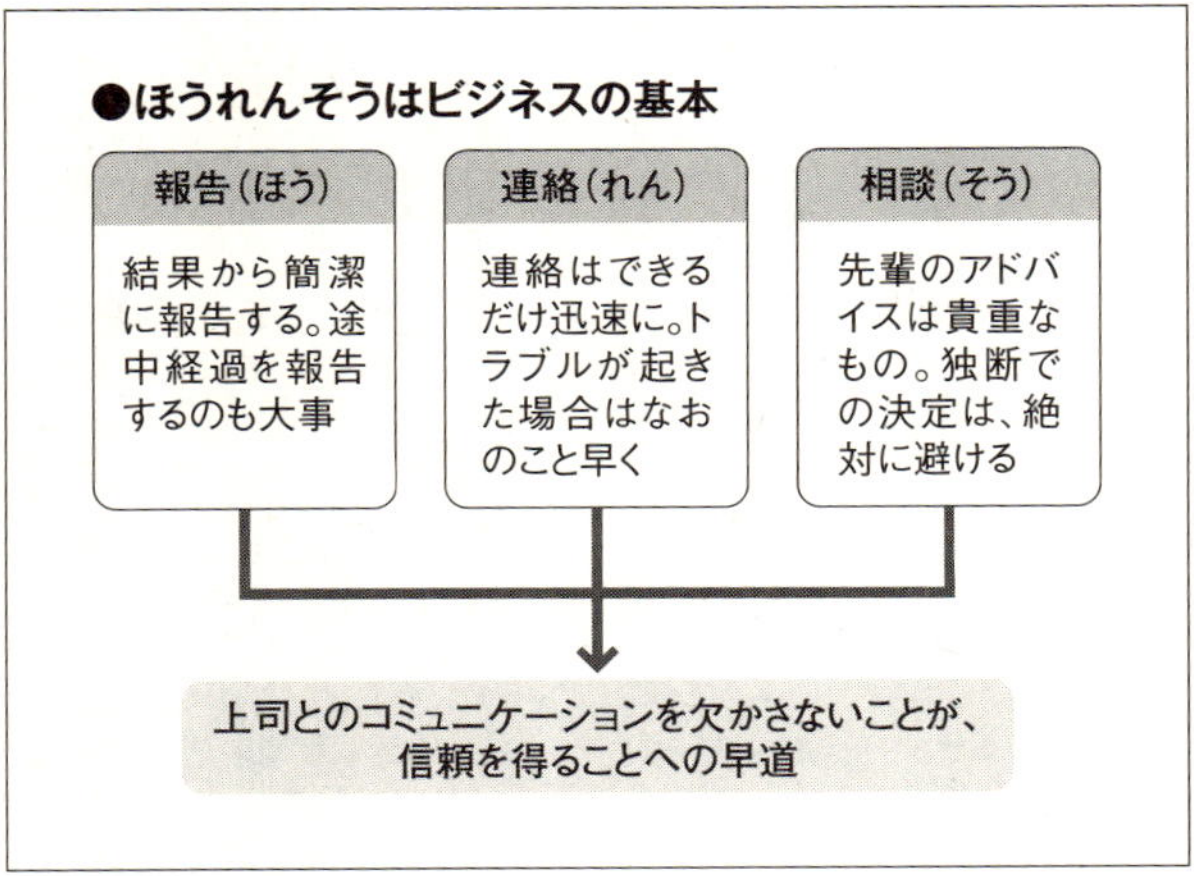
●ほうれんそうはビジネスの基本
報告（ほう）
結果から簡潔に報告する。途中経過を報告するのも大事
連絡（れん）
連絡はできるだけ迅速に。トラブルが起きた場合はなおのこと早く
相談（そう）
先輩のアドバイスは貴重なもの。独断での決定は、絶対に避ける
上司とのコミュニケーションを欠かさないことが、信頼を得ることへの早道

えることができる。

まず「いま、お時間よろしいでしょうか」と上司の都合を聞いてから、報告を始めたい。報告の際、ミスに関する言い訳を始めたり、ああだこうだと自分の考えを延々と述べるのはよくない。上司に聞かれたら、そのとき初めて答えればよいのである。

連絡も「できるだけ早く」が鉄則。あまりに何も言ってこないと、上司も「コイツはどこで何をやっているのやら……」と不安になる。

何かトラブルが起きた際も、「いつ連絡しようか」などとタイミングを計っていると、みるみる時間がたって、いまさらとても言えないということになる。

新入社員にありがちなのが、「納期までに終わりそうにないのですが……」という類いの話。期限直前になって「できません」と言われたのでは、対処のしようがない。

トラブルが発生したときや、納期に遅れそうなときは、できるだけ早く報告をして指示を仰ぐ。「何でもっと早く言わなかったんだ！」なんてことにならないよう、上司への連絡は怠らないようにしたい。

相談については、微妙なニュアンスを含む。上司にとって、相談されることはうれしいに決まっている。わからないままでトラブルになるのを回避できるし、仕事を部下に教える楽しさもあるからだ。

だからといって、何でもかんでも教えて教えてと来られては困るだけだ。上司自身の仕事が中断されるし、それが度重なれば、部下の能力に疑問符をつけざるを得なくなる。

とくに最近の傾向として、相談せずに突っ走ってしまう部下よりも、何でも相談に来すぎる部下が多いようである。

そこでベストの対応はというと、緊急性を帯びない限り、相談事が複数できてから上司に相談することだ。

ひとつ疑問が湧くたびに来られてはイラッとするだけなので、二つ三つできてからにする。その間に考えて自己解決できればベストだし、まとめての相談なら上司も嫌気は起きにくい。解決力を身につける意味でも、相談の仕方を工夫してみよう。

一応念押しすると、相談自体は正しい行為である。わからないことを質問し、自分の素直な意見も伝えて解決策を相談する、要はていどの問題である。

段取りポイント

ビジネスに独断は厳禁。上司への報告・連絡・相談を欠かさずに。

Part 4

短い時間でさらりとこなしたい ルーティンワーク

1 ルーティンワークは減らない、増えるのみ

避けては通れない、面倒な日常業務

段取り上手の三要素の最後は、ルーティンワークの片づけ方だ。ルーティンワークとは日常業務のことだが、緊急の仕事でも重要な仕事でもないものと考えていい。

このルーティンワーク、本当に厄介な仕事である。何しろ、片づけても片づけても虫のように湧いて出てくる。少しでも放っておけば、溜まる一方。最終的な処理に、丸一日かかってしまったなんてこともザラだ。

また、忙しいときほど、ルーティンワークは後追いしてくる。できれば、こんな仕事はしたくない、誰かやってくれないか、皆共通の悩みだ。

ところが、ルーティンワークは私たちの仕事から消え去ることはないし、減ることすらない。本業に附随してついてくる仕事だから、増えるのみである。

ビジネスマンとして実力がついてくれば、当然、仕事量も増えてくる。仕事が増えれば、体の一部であるルーティンワークも同じ。仕事を減らせばルーティンワークも減るが、そうしたら自分の身が危うくなる。

減ることがないとわかれば、とにかく片づけていくしかない。ということは効率

良く進めなければならないわけで、段取りがものをいうのだ。

たとえば、定型書類には普通テンプレートがあるものだが、このテンプレもただそのまま使い回すのではなく、自分仕様に変えるぐらいはしておきたい。

一般的にはエクセル書類が多いと思うが、簡単な関数すら使っていないテンプレが多く見られる。

日付や集計の関数ぐらいは、自分で入れてしまおう。また、プリントするたびにズレなどが起こるものは、テンプレの印刷設定を正しくしておく。これらをしておくことで、書類作成ごとに設定をいじる手間が省ける。

また、書類の作成などでは、普段から仕事ノートや手帳などに書き込みがしてあると、要領を得た状態からスタートできる。何もしていないと、まっさらな状態から始めることになりスピード、内容とも大きな差になる。

報告書などは、とにかく避けたいルーティンワークの代表格だ。社内業務のために、わざわざ時間を割いて何になるというのが本音だろう。それは、まさに正しく、だからこそ効率よくこなすのが大切になるのである。

段取りポイント　**減らないのなら、ただ素早く片づけるしくみをつくろう。**

2 日課の業務を効率よくこなすコツ

▼▼▼▼ 手をつけずにいると、大変なことになる

毎日やる必要のある業務は重要でも緊急でもないため、後回しにされがちだ。処理しないまま溜まっていくと、「早く処理しなければ……」と焦りだけがつのる。

このような機械的にこなすべき業務は、まとめて処理するのが効果的だ。そのためには、一日の予定を立てる際に、日課業務に当てる時間を毎日一五分ほど、必ず確保するようにしよう。たとえば、出勤してすぐというように。

その時間以外はメインの仕事に集中し、無用な焦燥感にかられないようにする。そして、決めた時間がきたら取りかかる。限られた時間内に片づける意識で臨む。

書類作成など、もし時間がかかりそうな業務があれば、日課業務とは別個にして、処理する日時をあらためてスケジューリングする。

「明日の〇時ごろから、ちょっと手伝って」というようなあいまいな指示が出た場合、その前後に、他の日課業務を当てると時間のロスができにくくなる。

段取りポイント **一日のなかで処理する時間を決め、まとめてこなす。**

●日課の業務のこなし方

日課の業務は

決めた時間に、　まとめて片づける

日課の処理スケジュール例

9:00	書類読み、メール読み
13:00	配達物の処理
17:00	メール返信、報告書、日報等の作成

［予想外に時間が取られる日課の業務］

社内の雑務

そうじ、ゴミ出し、消耗品の交換、買い物、社内イベント、商品の搬出入

部署の業務、個人の業務

資料整理、お使い、手伝い、他部署へのヘルプ、DM作業、コピー取り、電話業務、ファックス送信、メール送信、書類作成、業務日報作成

3 会議、ミーティングの資料をつくる

本当に頭を使わない単純作業なのか

会議を翌日に控えて、突然の上司からの指示。「明日の会議に使う〇〇の資料を揃えておいてくれ」。この一言ほど、上司と部下の決定的な差を思い知らされるものはない。資料をもとに会議で発表するのは、自分ではなく上司で、その上司のために貴重な時間が奪われるわけである。

会議用の資料などというのは、まともにつくりだしたら、大変なことになるのは必至である。本来必要なデータと若干の説明、解説があればいいのであるが、それでは上司は納得してくれない。

ここはひとつ、上司の立場になって考えてみる必要がある。上司にしてみれば、資料の不足はもっとも避けたいことで、そのため必要以上の資料をほしがるのだ。同時に、ただ量の多い資料ではまとまりがなくなってしまう。

そこで、二種類の資料をつくることを、上司と相談のうえ実現させたい。ひとつは、**会議で出席者全員に配る用**である。これは、本来的に必要データで揃える。一、二枚であれば、それほど時間を取らないし、適度な説明と解説の資料でいい。

もうひとつは補足的な資料としていくつか用意する。これは**全員分のコピーを取るが、最初からは配らない用**だ。そのとき必要であれば配るぐらいの役割である。

これで、常に適量の資料を提供できるわけで、上司にすれば安心感があり喜ばれる。そして、つくる方も、補足資料であれば出来合いのコピーで間に合うわけだ。

こうした用途の使い分けにより、皆さんの仕事量が格段に減るのだから、ぜひとも実行してほしい。

なぜ会議用の資料にここまで気を配るかというと、ビジネスマンにとってのステップアップ試験でもあるからだ。

資料をきっちり揃えてくれる部下に、上司は普段の仕事の成果とは別の評価を下すものだ。普段の仕事が「基本」なら、会議用資料は「応用」のカテゴリーに入るからだ。応用が利くとわかれば、今後積極的な登用が待っている。重要な仕事や新規プロジェクトの人選も現実のものとなろう。

当然、普段の仕事をこなしつつの別件は、大変ではある。だが、ここからがスタートと考えれば、決して悪い話ではないはずだ。

段取りポイント　**上司の立場に立ってみれば、必要な資料作成がわかってくるもの。**

4 報告書をつくる

手を抜きすぎても、時間を掛けすぎてもいけない

報告書というのは、どの会社にも存在する社内文書だが、扱われ方に関してはそれぞれの会社の慣習などで大きく異なる。まったく形式だけのお手軽定型業務のものもあれば、上司のチェックが鋭く入る気の抜けない業務であるなどさまざまだ。ただし、昨今の報告書はテンプレートからほとんどつくられるため、書くというより編集する仕事と言えるかもしれない。

報告書は、内容をより簡潔に伝えることが前提であり、時候のあいさつなどは省いていきなり用件に入る。しかし、簡潔にまとめるとしても、内容を省略してはいけない。必要な資料やデータ、参考文献などを省略してしまうと、報告不足となってしまうからだ。

そこで、本文には綴《と》じることができない比較的ページ数の多い資料は、別個にまとめ、本文に添えて提出するとスマートである。

では、添付書類はどのようなことに気をつければいいのだろうか。作成した社内文書に添付書類がある場合は、書類名を箇条書きにし、本文の最後に表示をするの

●報告書の基本

生産管理12-01 ― 文書番号
2012年2月2日 ― 作成日

生産事業部長　鈴木太郎　殿 ― 宛名

生産管理1課　佐藤二郎 ― 作成者名

さいたま工場のプレス機の不具合
発生事故の報告 ― 件名

部長	課長	担当

― 押印欄

本日2日、さいたま工場のプレス機の制御コンピューターに不具合が生じましたのでご報告いたします。 ― 主文

記

1.内容
2月2日、さいたま工場のプレス機の制御コンピューターに不具合が発生。製品「たまひも」の仕上げサイズに0.3～0.2ミリの誤差が生じるようになった。不良率は7.8%。

原因は冷却ガスの不足による、加熱であると思われる。

至急、担当技術者を派遣してほしい。

2.対応
納期の問題もあり、機械は止められない。検品の人員を増やし、厳重にチェックしながら生産中。

考え得る対応・処理方法の指示をお願いする。

― 記書き

添付物:加熱を示す内部温度警告ランプの点灯写真 ― 添付書類

以上 ― 末尾

・1文書に1件…読み手の混乱をさけるため、1用件のみとする
・センテンスを短く…30文字を目安に、短めに切っていく
・読点で読みやすく…文の区切りで、少なめに打つ
・箇条書き…伝えたい内容が明確になる
・全体を統一…文体は「である」調で、漢字表記も統一する

が一般的だ（次ページの例を参照）。また、都合により添付書類を後送する場合には、その旨を記載する。添付書類が複数ある場合は、番号を表示し、わかりやすくしておく。また、本文と同じA４サイズで揃えることが基本だ。

また、最近の報告書は「ビジュアル化」が進んでいる。長い文章をダラダラと続けるよりも、画像や表、チャートなどで表現する方が、相手も理解しやすくなる。

なかでも、表の作成は出来映えで差がつきやすい。分類表や予定表、一覧表など、データを罫線で囲うだけでも、立派な表になる。罫の太さや種類、表中の文字の大きさなどを調整することで見やすくなり、読む側が内容を迅速に理解できる。

グラフやチャートの方が、表よりもわかりやすい場合も多いので、活用するとよい。棒グラフや円グラフなどは一見すると作成に時間がかかりそうであるが、エクセルを使うと、数値を入力するだけで簡単にできる。

ただし、報告書は段々凝ったものになる傾向がある。時間のかけ過ぎには注意だし、慣れからくる手抜き報告書にも十分気をつけたい。

段取りポイント

細かい内容は文章よりもビジュアルに訴えるのが効果的。

●視覚に訴えるとわかりやすい

[写真で訴える]

営業車両「○○○」と対向車の正面衝突により、前方右斜めより大きく損傷。潰れた状態につき、エンジン損傷、オイル漏れが発生し走行不能となる。右前輪、前方ボディは衝突の際に…

→

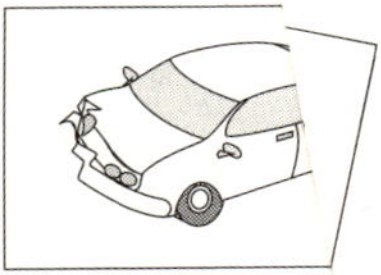

営業車両「○○○」との正面衝突により、前めより大きく損傷。損傷具合は写真のとおり

[グラフで訴える]

商品比率は、たまひも24.5%、ひまつり11.3%、しらこ8.8%、ずり7.5%、みと3.4%、ねっく1.1%、きも0.7%、その他42.7%となっており、主力商品たまひもに続きひまつり、しらこの順で構成されており…

→

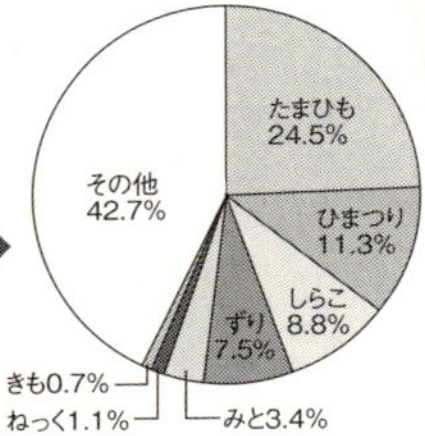

商品比率はグラフのとおり。

[表で訴える]

商品「まつ」の不良率は、発生日の6月3日から1.08%、4日0.97%、5日1.23%、6日1.10%、7日、1.29%、10日2.06%、11日1.88%、12日2.12%、13日2.24%、14日2.05%となっており、率の上昇が…

→

「まつ」の不良率

日付	不良率	日付	不良率
6/3	1.08	6/10	2.06
6/4	0.97	6/11	1.88
6/5	1.23	6/12	2.12
6/6	1.10	6/13	2.24
6/7	1.29	6/14	2.05

不良率は表のとおり。

5 文書の確認は〝必要なところだけ読み〟

要所を押さえるコツを知っておきたい

新聞や雑誌、報告書に目を通す際、すべての内容を熟読していては、時間がいくらあっても足りないし、読まなければいけないと思うと負担にもなる。ほかにやらなければならない業務もたくさんあるはずだ。そこで、必要なところだけを読む習慣を身につけよう。

まず見出しと本文の数行、段落のはじめの部分などを拾い読みし、全体像をつかむ練習をしよう。一字一句を読み込むのではない。この読み方を取得すれば、より多くの情報をつかむことが可能となる。何度か行なううちに、感覚がつかめてくる。

全文を読んでいないからといって、決して内容が理解できないわけではない。報告書ならば、気になるところにはふせんを貼っておく。雑誌や新聞ならば、気になるページや記事を切り抜き、後は捨てる。こうしておけば、読み返す場合に便利であ[illegible]

段取りポイント

全体[illegible]間をかけてすべてを読み込む必要はない。

●必要なところだけ読み

生産管理12-01
2012年2月2日 ―― いつ

生産事業部長　鈴木太郎　殿

生産管理1課　佐藤二郎 ―― 誰が

部長	課長	担当

さいたま工場のプレス機の不具合
発生事故の報告 ―― 何が

本日2日、さいたま工場のプレス機の制御コンピューターに不具合が生じましたのでご報告いたします。 ―― どうした

記

プレス機は05年製と98年製のどっち? ―― 留意点

1.内容
2月2日、さいたま工場のプレス機の制御コンピューターに不具合が発生。製品「たまひも」の仕上げサイズに0.3～0.2ミリの誤差が生じるようになった。不良率は7.8%。

原因は冷却ガスの不足による、加熱であると思われる。

至急、担当技術者を派遣してほしい。 ―― 詳細

2.対応
納期の問題もあり、機械は止められない。検品の人員を増やし、厳重にチェックしながら生産中。

考え得る対応・処理方法の指示をお願いする。 ―― 詳細

添付物:加熱を示す内部温度警告ランプの点灯写真 ―― 補足

以上

・基本的に、いつ・だれが・どこで・なにを・どうしたかを把握する
・アミかけ部分はとくに大事
・黒字部分は必要に応じて、アミ字部分は読まない
・また、気になる箇所はふせんをはっておく

6 書類は目を通したときに片づける

▼▼▼ 時間決めのルールに沿って進める

書類を読む時間帯、また素早く読む方法については説明してきた。しかし、ここまで実行できていても、目を通した書類をまたデスクに戻してしまってはいないだろうか。それでは、これまでの行動がまったく意味のないものになってしまう。現に、一度読んだ書類をすぐ片づけなかったために、何度も読み直して、時間をムダに使ってしまっている方もいるだろう。

すぐに片づけるということは、できるようでなかなか実行できない。また、最初に読んだときに「片づけなければならない」という意識を持ち、他の業務をしていてもその意識だけはずっと持っているため、「仕事がどんどん増えて自分は忙しい」→「だから片づけられない」と考えてしまいがちだ。

だが、ルールを決めてさえしまえば何ということはない。「書類に目を通す時間を決め、効率よく読んで内容を理解し、その場で処理する」ことを日課にしよう。

段取りポイント **書類を読んだらすぐに処理することを日課にする。**

●処理する先を決める

多くの場合、処理する先がなく、結果デスクの
上に置いたままか、引き出しに放り込まれてしまう

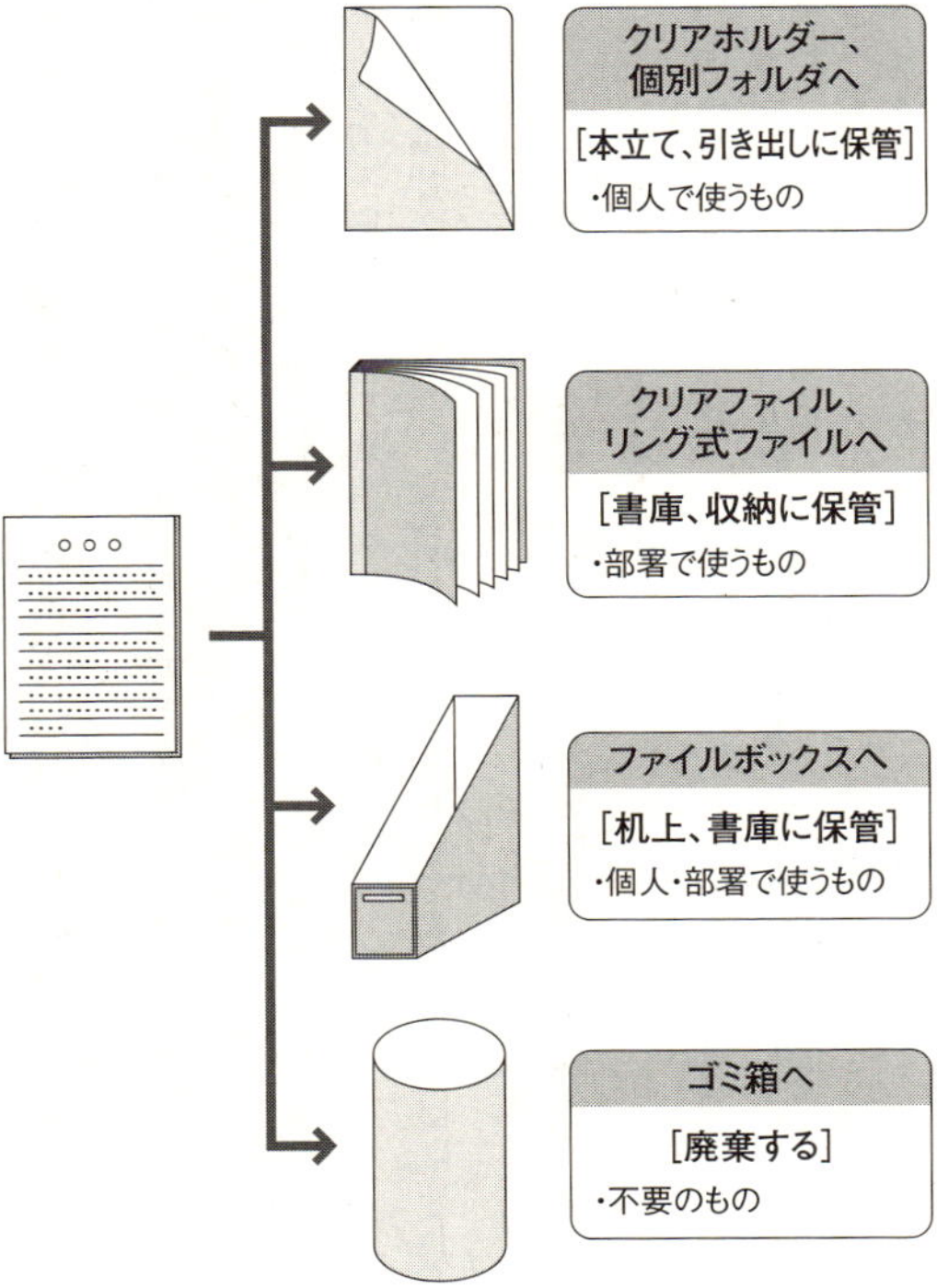

7 毎月、毎年の業務をスムーズにこなす

年に何回かの仕事は、覚えているほうが無理

毎日の業務ではないが、毎月、毎年必ずする業務がある。これらもルーティンワークとして考えておきたい仕事だ。毎週の仕事であれば業務を覚えていられるが、年に何回かの仕事だと細かい部分で抜けが起きやすい。すると、毎回新規で始めるように要領が悪くなり、時間と労力のムダとなってしまう。

文書モノに関してはわかりやすいテンプレを必ず作成しておき、完全に忘れた状態でもすぐ書ける状態にしたい。

業務自体については、軽くマニュアルのようなものを作成するといい。手順をわかりやすくまとめ、ポイントとなることを記載しておく。

ポイントについては、普段から手帳などにノウハウ・メモを蓄積させておこう。

このようなちょっとの工夫で、一年に一度しかやらないような業務でもスムーズにこなすことができるのだ。

段取りポイント　**忘れやすい仕事こそ、大切なマニュアルづくり。**

●テンプレ、マニュアルをつくろう

[毎月、毎年レベルの仕事]

・仕事自体は必ず行なわれるが、回数が少ない
・次にやる頃には、前回得たノウハウを忘れている
・毎回新規の仕事のように、進みが悪い

↓

[テンプレやマニュアルの作成]

←手帳やノートなどに書いたノウハウ、アイデア

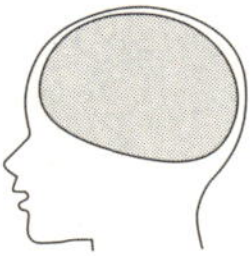

←頭の中に残っている記憶

↓

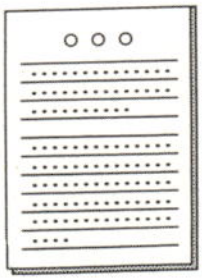

マニュアルとしてまとめる

8 備品を適切にストックする

必要なモノがあるか、不必要なモノであふれていないか

休養十分の月曜日、気持ちもスッキリして仕事がはかどることだろう。ただ、仕事を始めようと思いボールペンを取ってみたものの、インクがなかったなんてことになると、効率よく仕事を進められるだろうか。

とくにルーティンワークでは、必要な文房具が揃っていないと作業自体が先延ばしになるばかりか、ヤル気が萎《な》えてしまうものだ。

最低限必要な道具を揃えておくのは、そんなに難しいことではない。頻繁に取り替えるものは、あらかじめストックしておく。切らしたときに、すぐ作業が再開できるよう備えておくのだ。逆に、交換頻度の低いものをストックする必要はない。めったになくならないものを大事にとっておくのは、整理術のできない人の典型だ。

未開封の修正液を二つも引き出しにしまっているような人は、いますぐあらためて、整理術を実践する必要がある。

段取りポイント　**ストックする必要があるもの、ないものを見極める。**

●文房具の定位置

文房具	定位置
シャープペンシル	ペンスタンド
シャープペンシルの芯	サイドキャビネット・上段
消しゴム	サイドキャビネット・上段
ボールペン（黒・赤・青）	ペンスタンド
サインペン（黒・赤）	サイドキャビネット・上段
蛍光ペン（緑・黄・ピンク・青）	ペンスタンド
ハサミ	ペンスタンド
カッター	サイドキャビネット・上段
直定規（20㎝）	ペンスタンド
ホッチキス	ペンスタンド
ホッチキスの芯	サイドキャビネット・上段
修正ペン	ペンスタンド
ポストイット（大・中・小）	サイドキャビネット・上段
セロハンテープ	机上
クリップ	クリップケース
ダブルクリップ	サイドキャビネット・上段
ガチャック	サイドキャビネット・上段

・ペンスタンドに詰め込む傾向があるが、これは誤りであり、サイドキャビネットのデスクトレーの併用が正しい

・だが、一般のデスクトレーは奥行が8㎝程度しかなく、そのためにペンスタンドがパンパンになってしまう

↓

文房具の定位置をばっちり決めるなら、
25㎝のトレーが望ましい。
また、レイアウトを自由にできる、しきりプレートもよい

9 デスクの紙の山を整理する

判断基準を設け、定期的に処分しよう

仕事場にパソコンが導入され、ペーパーレス化が進むと歓迎されたのはいつのことだったろうか。実際に、パソコンを使うようになったことで紙が少なくなったという話は聞いたことがない。それればかりか、パソコンのおかげでこれまでは必要としなかった紙の山を印刷し、デスクに積んでいるのが現状だ。

自分ではどこになんの書類があると把握していたとしても、他人から見れば、デスクに紙の山ができているということは、やらなくてはならない仕事が山のようにあるということをあらわしている。

デスクがいつも紙の山なら、その人は、いつも残務をため込んでいるのだ。紙の山は、無視してもいいもの、すぐ処理できるもの、反対に、放っておいたために、大きな問題になっているものなどが混在している。

この状態では、いくら自分では仕事がデキると思っていても、誰も認めてはくれないだろう。実際に仕事がデキていないのだから。

デスクが紙に埋もれてしまう最大の理由は、新しい紙類を手にしたときに、保存

●紙類の分別

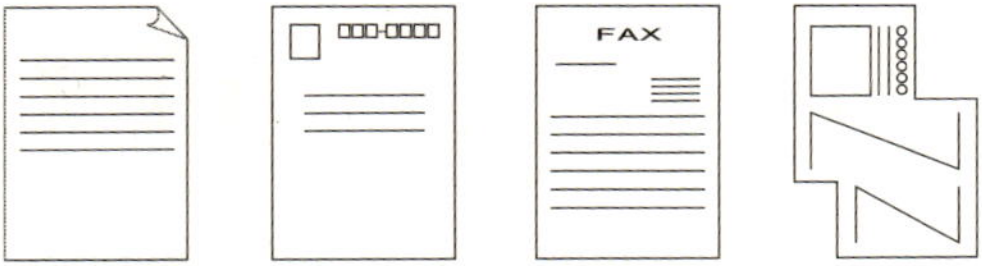

プリントアウト紙	ハガキ・手紙	ファックス紙	新聞・雑誌切り抜き

不要	必要	保留
↓	↓	↓
・ゴミ箱	・ファイリング ・データ化	・保留用の個別フォルダ ・レタートレー

[レタートレーの定位置はあるか?]

・レタートレーは、実は置き場所に困る
・机上は案外ジャマで、レターケースの上では何のためのケースかわからない。そのうえ、よく落ちる

↓

したがって、なるべくは保留用の個別フォルダをつくることをすすめる

どうしてもという場合、壁やパーテーションに張りつける方法もあるが、パーテーションの損傷が激しいので注意する

するべきか破棄すべきかを判断せず、とりあえず、デスクに置いておくからである。

紙類はその場で不要、必要、保留を判断する。これは大切なことなので皆さんは忘れてはならない。**「不要」「必要」「保留」**の三択だ。

保存する紙だと判断したら、ファイリングしておく。そうするクセをつけておかないと、会議の資料は、このファイルに入れよう。あるいは、セミナーの招待状だから、出欠の返事をして当日まで保管しようと細部までは考えられない。最終的に紙がどこへ行くのかを考えないと、紙の山はいっこうに減らない。

招待状などの返事はすぐ出し、手帳に書き留めておかないと、忘れてしまう。不義理をすることになりかねない。郵便は見たとき、あるいは開封したときに、ハガキを出しておけば、それで処理は終わる。

保存か破棄か即決できない場合は、トレーをひとつ用意し、積んでみる。

そして、金曜の夕方や月曜の朝など一週間の区切りに、再度判断するのだ。多くの紙はゴミとなって破棄されることだろう。一週間に一度、紙類の整理をするだけで、紙の山から解放されて、効率よく仕事ができるようになる。

段取りポイント

紙類はその場で、「不要」「必要」「保留」を判断する。

Part 5

段取り術の真価が問われる実践編

対取引先

1 外部とのやり取りにこそ段取りが必要

落ち着いて、学んできたことを活かそう

この章では、取引先との仕事について基本をまとめるが、段取り上手の三要素ががっちり結びついている。

あらためて見てみるとわかると思う。スケジューリング、コミュニケーション、ルーティンワーク、どれも欠かすことができない。

つまり、段取り上手の「実践の場」と考えることができる。もちろん、社内的にも段取りの重要性はいうまでもないが、幾分甘さが許されてしまうのも事実だ。

しかし、社外の人間が相手なら、そうはいかない。皆さんは会社の顔・代表として看板を背負って、相手に立ち向かわなければならないのである。

外回りは、誰でも最初は怖いものだ。私もそうだった。なんとも周囲の視線が気になり、ミスしてはいけないと気負うあまり、あいさつから「噛《か》む」こともしばしばだった。よく慌てている様子の表現で「あわわ……」というセリフがあるが、まさか自分が本当に言うとは思わなかった。つくづく応対術の難しさを痛感したものだ。

基本的に相手の予定に合わせて訪問するケースの多い人の場合、スケジューリン

グができなくては話にならない。コミュニケーションが下手では、取引先との交渉などおぼつかない。失敗が目に見えている。

取引先との仕事ができれば、ルーティンワークも増えていく。ここを軽くこなせなければ、取り返しのつかないミスやトラブルを起こしてしまう。

そして、取引先との基本的な段取り術を覚える必要がある。この章で以降に解説していくが、どれも基本で特別なことはない。皆さんなら、すぐに身につくだろう。

これらを首尾よくこなして初めて、取引先の相手は皆さんを一人前として扱ってくれる。それまでは、言ってみれば「小僧の使い番」。上司と取引先との伝言板に終始し、そこに自分の意見や判断などない。当然、こんな扱いはすぐに卒業しなければならない。

そのためには、段取り上手となるべく三要素を押さえ、実践の場で思う存分、発揮するのだ。こうした仕事振りを続けるうち、皆さんも上司からの評価がきっと変わるはずである。「そろそろ、あの仕事でも任せてみようか」こんな気持ちにさせるには、実践での成果を残すことである。

段取りポイント

対取引先は、「段取り上手」実践の場である。

2 アポを取る前にやるべき準備

アポは必要なものだけ、一日にまとめて取る

取引先を訪問する際には、アポを取る前に、自分の仕事の流れや必要書類を揃える時間を確保することなどを考えることが大切だ。

まず、自分の一週間・一カ月間の仕事を考え、訪問する取引先をピックアップする。そうすることで、実際に会って話を詰めなければいけないことか、反対にわざわざ出かけなくてもすむような用件かを見極めることができる。その後、必要に応じてアポを取ればよい。

できれば、外出する日を決めておき、午前と午後に一件ずつ、あるいは午後に二件とまとめてしまった方が効率がいい。一週間前にアポを取れば可能なはずだ。

次に、取引先ごとに必要な書類やツールを準備する。どのように話を進めるかなど、実際に面会した場合を想定することも大切だ。

段取りポイント **事前に準備を整えてからアポを取る。**

●アポ取りのルール

アポ取りのルール

- ・訪問先のピックアップ —— 会う用件か、電話ですむ用件か
- ・訪問先の優先順位 —— 緊急の用件、重要な用件
- ・訪問先への資料作成 —— すぐ用意できるもの、時間を要するもの
- ・時間の想定 —— 45分以内の用件、もっとかかる用件

その結果

- ・ムダな訪問がなくなる
- ・ムリな訪問活動がなくなる
- ・万全の態勢で臨める、慌てない
- ・スケジュールどおり動ける

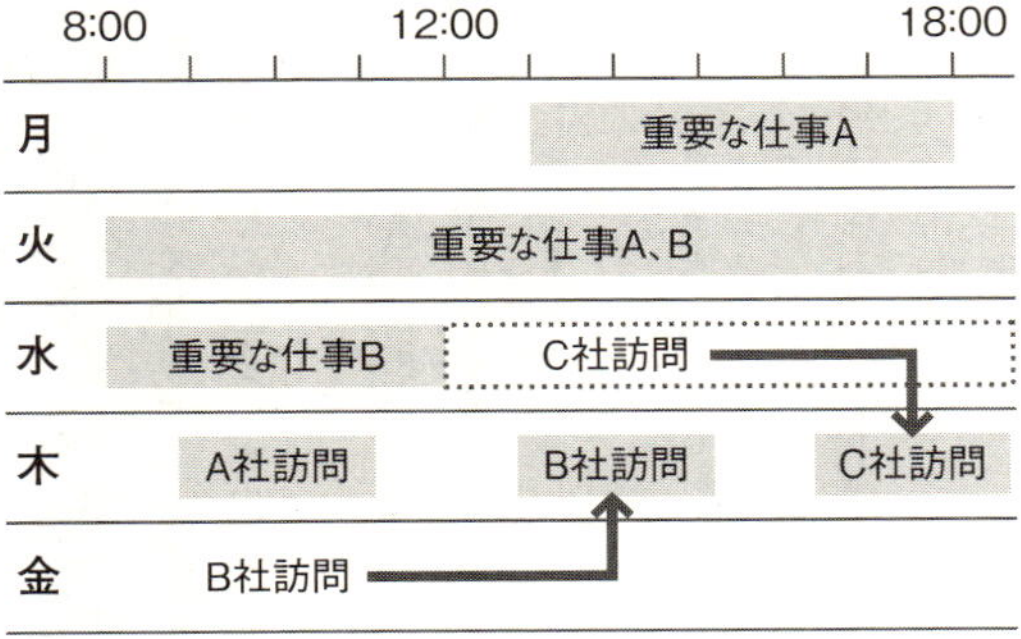

- ・訪問日は1日1件とせず、1週間に1日のスタンスでなるべくまとめてしまう
- ・こうすると、仕事に集中できる時間帯が、格段に多くなる

3 一日のなかで電話タイムを決める

集中できる時間をつくるために

集中しているときに電話がかかってきて、仕事を中断せざるをえないことは、できれば避けたい。自分が仕事に集中できる貴重な時間をムダにしないためには、電話に出ないことが一番の解決法である。

仕事上、まったく電話を受けない・かけないわけにはいかないが、決まった時間帯では折り返すようにして、一日のうちで時間帯を決める方法もある。

会社によっては、一三時から一五時までは電話をつながず、すべて受付で折り返すところもある。この二時間を社員に有効に使ってもらうためだ。

すると今度はケータイにかかってきたりするが、取ってしまっては元の木阿弥《もくあみ》だ。会社の電話と同様、取らずに後で折り返す。もし緊急の場合は、伝言に入れるはずなので、そのときはチェックだけはしておく。大体は何もないか、メールに切り替えるので、この電話なしタイムはかなり有効である。

段取りポイント **電話が仕事のジャマにならないよう、時間帯を決める。**

●電話タイムの実践

電話をかけるとき

・思いついたときにそのつどかけるのではなく、1日にかける相手をリストアップする

・10時、13時、17時というように、時間を決めて、必要な電話をまとめてかける

・緊急時を除く

電話を受けるとき

・普段の電話は、マメにとる

・仕事のジャマをされたくないときには、13〜15時までと時間を決めて、この間にかかってきた電話はすべて折り返してもらう

・緊急時を除く

[電話を受けない時間帯を設定するときは]

・周囲の同僚や受付に事情を話し、理解を求める

・相手、用件、折り返す時間などを、あらかじめ決めておく

・電話の相手には、説明しづらい面もあるので、思い切って不在とした方が面倒がない

・だだし、普段の電話で自分が積極的に受けていないと、身勝手な振る舞いとしかみなされず、協力は得られない

4 情報は取捨選択して取り入れる

ほとんどの情報はいらないもの。だから必要な情報は宝

取引先との商談で、いきなり本題に入ることは珍しい。まずは世間話や業界話をすることが多いだろう。「今日の新聞に載ってた××なんだけどね」「最近よく聞く△△ってどう思う」などと話題を振られ、そのニュースを知らなかったばかりにあせってしまったということもあるだろう。

仕事に必要な情報や時事ニュースなどを知っていると、反対に「□□についてどうお考えですか」など話題を提供することもでき、スムーズに話を進められる。

では、日々の忙しい時間の中で効果的に情報収集するには、どうすればいいのだろう。あれもこれもと欲張って、いろいろな新聞や雑誌を読むのではなく、普段から購読している新聞や定期的に購入している雑誌でよいので、移動時間などにざっと目を通し、要点をつかむ習慣を身につけよう。

新聞や雑誌はダラダラと時間をかけてすべて読むのではなく、記事の取捨選択が必要だ。気になる記事だけを読めばいい。

また、インターネットを使うのも効果的だ。後述するように、気になるキーワード

●話のツカミは新聞から

・なるべくなら日経新聞を読むようにしたい
・スポーツ新聞も悪くはないが、幅広い知識を習得しておこう

「総合面」……時流の問題
「経済面」……景気動向や金融事情
「国際面」……国際情勢
「企業面」……産業、企業動向
「企業財務面」……業績、決算発表
「マーケット総合」……マーケット、株式動向
「証券面」……株価、社債

・各ジャンルで重要なテーマについては、概要や問題点などを頭に入れておきたい
・これらをすべて丸読みにするのではなく、見出しと前文を一旦さっと流し読みする
・あらためて重要テーマについては全文読み、動向を押さえよう

ニュースサイトのチェックでもOKだが、
→偏ったジャンルしか見なくなる
→分析をしなくなる
以上の傾向には注意する

を検索エンジンで探したり、ニュースサイトをチェックしたりするのもいいだろう。ただし、情報をすべてを追いかけようとすると、時間がいくらあっても足りないし、それが目的になってしまう。これでは本末転倒だ。

私は必要のないものは上辺だけを、興味あるものは深く追いかけることにしている。この選択をすることが情報収集をするうえで、もっとも大切なことだ。

取引先に話題を振られてわからないときには、「勉強不足でわかりません。教えていただけますか？」と逆に聞いてみるのも、いい方法だ。誰でも聞くよりも、話したいものである。これを利用するのだ。

したり顔で取引先に語るよりも、「わかりません」「知りません」といって教えてもらうほうが、むしろ好感を持たれる。相手は喜んで説明してくれることだろう。

情報というのは、自分で探すことも大切だが、最終的には人が頼りになる。この情報ならばAさん、あれならばBさんと、社内の人の得意分野を知っておくことで、すべてをつかんでおかなくてもいいという安心感を抱くことができる。また、社外の人間でもいい。定期的に情報交換できれば、大きな糧《かて》になるはずだ。

段取りポイント　**有益な情報の収集は、最終的に人が頼りになる。**

5 名刺を有効活用する方法

名刺ケースにしまって終わり、では縁も終わり

ビジネスシーンの初対面の挨拶は、まず名刺交換からはじまる。その際、名刺をじっくり見るだけで沈黙してしまい、話を続けられないビジネスマンがいる。だが、ここは名前を覚える意味でも、ツカミとして生かしたい。

「佐藤さんという苗字は、一、二番の多さですよね」
「そうらしいですね」
「東北に多いようですが、ご出身はどちらですか？」
「大宮です」

と会話が続いていく。ツカミによってなめらかな会話にしたり、場を和ませたりするのが目的なので、このような軽いトークができれば上出来だ。

さて、名刺はもらいっぱなしで名刺入れをふくらませるのではなく、きちんと整理する習慣をつけよう。名刺の整理をするのは時間が空いたときでかまわないが、名刺を受け取ったその日中にやっておくとよいことがある。それは、名刺の余白や裏側に、挨拶をした日付等を入れることだ。さらに、時間があればその人物の特徴

や気がついたことを簡単に書きとめておく。たとえば、「日本酒が好き」「野球はベイスターズファン」など、些細なことでかまわない。

名刺にちょっと書き込むという作業によって、次回の面会時に、相手の興味をひく話題を提供できるなど、仕事を進めるうえで役に立つ。

また、受け取った名刺の管理として、業種や取引先別に大きな名刺ファイルにまとめるのは基本。

エリアごと、会社ごと、業種ごとと、仕分けのジャンルは色々だが、使っていて不便のない方法にする。

さらに、新しい名刺をもらったことで、古い名刺を捨ててしまうのは止めておこう。古い名刺は、その人の出世や人脈の足跡を辿るのに欠かせない資料となるからだ。私もかつては、古い名刺は捨てていたが、やはり残しておいたほうが役に立つ。

ただし、住所変更などの場合、古い住所とゴチャゴチャになってしまいやすいので、混乱のないように、古いものは取り消し線を引くなど気をつけたい。

段取りポイント

名刺を情報カードとして使うために、きちんと整理する。

●名刺の保管

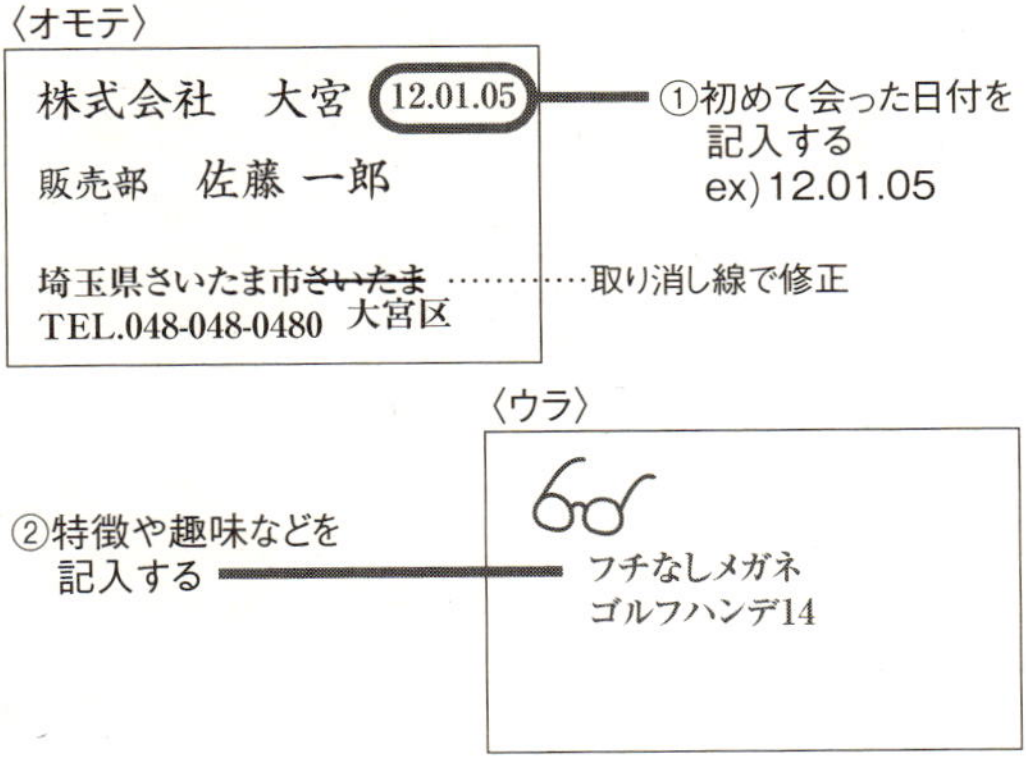

- 受け取った名刺は、以上のように記入した後、名刺ファイルに保管しておく
- 年に1回は整理し、いらない名刺は廃棄する

[自分の名刺を工夫する]

自分の印象を、相手に強く残したいなら、こんな方法もある

- 星座別名刺　12種類用意し、相手の星座と同じものを渡す
- 血液型名刺　通常4種類、例外用にRH−用もあるとネタにもなる

自分でオリジナルの名刺にしてもよし、シールにして既存の名刺の裏に貼ってもよい

6 〝教えてもらう〟姿勢は好感度を増す

「知りません。教えてください」の大事さを知る

パート3の「聞く」の項目を思い出してもらいたい。人は誰でも、自分の話をきちんと聞いてくれ、理解してくれる人には好感を持つものである。また話を聞くよりも話をするほうが誰でも好きだ。だからこそ、「聞き上手」になることで、取引先に気に入ってもらえ、仕事をスムーズに進行できるようにもなるのだ。

一番の近道は、他人に興味を持ち話を理解することだ。人に対して配慮のない人や「自分が一番」だと思っている人は、聞き上手にはなれない。

年齢は関係なく、まわりの人から、いろいろなことを〝教えてもらう〟という姿勢があれば、自然に聞き上手になれる。

実はこの教えてもらう姿勢が大事なのだが、できない人が本当に多い。

たとえば商談などで、聞き慣れないキーワードが出てきたとする。これを知ったかぶりして「ふん、ふん」などとうなずいていると、相手はわかっている前提で話をどんどん進めていく。「これはまずいぞ」と思ったときにはもう遅い。

そのキーワードに対する意見なりを相手から求められたら、答えに窮することに

●好感を持たれる「あいづち」の打ち方

会話中のうなずき→「ええ」「はい」「そうですか」

無言でいたり、首だけ動かしているケースもあるが、声をはっきり出す。「うんうん」「ふんふん」は論外

感謝の気持ち→「ありがとうございます」

どんなに小さなことでも、好意の感じられる発言に対して使う
「おそれいります」でもOK

同意の気持ち→「そのとおりです」「おっしゃるとおりです」

発言に対してすぐ同意することで、集中して話を聞いている印象を与えられる
自分の発言の枕詞に使うと、相手との共感が得られやすい

不明のとき→「教えてください」「質問してもよろしいですか」

会話中、わからないことが出てきたときは、タイミングをうかがいながら、素直に教えをこう

確認するとき→「××ということですね」

復唱することで、相手の話を積極的に聞いている姿勢を示すことができる

否定するとき→「なるほど」

「ですが」「しかし」が嫌われるビジネストークでは、「なるほど」を枕詞に使い、続けてその理由を述べると、不自然なトークにならない

なる。これは本当に恥ずかしい結果となる。

私は、これをしょっちゅうやってしまう。最近も「GTD（Getting Things Done）」の話を若者から聞かされたが、つい「ふん、ふん」とうなずいて先に進めてしまった。後で意味を調べて会話をたどる作業は、我ながら恥ずかしい限りである。

素直に「知りません。教えてください」と言えば、余計な遠回りをせずにすんだのに、ただただ時間のムダである。

また、教えてもらう姿勢は大事だが、聞くタイミングは押さえておきたい。いわゆる話の腰を折るタイプで、間の取り方が悪い人は、こうした配慮が欠けている。相手の話の流れによって、中断させてはいけない場合があり、話し終えてからたずねるのがマナーである。

また、ひとつだけ注意してほしいのは、何でも人に聞くのがベストの選択ではないということだ。自分で調べる努力を怠り、まず人に聞く態度は、教えてもらう姿勢とは本質的に異なる。安易な依存型で、周囲からの評価を著しく下げてしまう。ひんしゅくを買ううえ、馬鹿と思われては損である。

段取りポイント　**知ったかぶりは禁物。聞くタイミングを見計らう。**

7 アフターフォローは怠らず、すぐにやる

売りっぱなし、やりっぱなしは最悪の仕事

「企画が通った！」「契約が成立した！」。それで喜んでいてはいけない。取引先に信頼感を与え、さらなる売上げを導くためには、アフターフォローが重要である。

アフターフォローは、契約が成立した後すぐに行なわなければ意味がない。**タイミングがすべて**だ。外出の途中で顔を出して現在の状況を聞き、感謝の気持ちを伝えることだ。ノベルティーを渡したり、電話やメールでお礼をいうだけでも違ってくる。

そして、一度きりではなく、定期的に円滑なフォローをすることで、取引先とのコミュニケーションが図れ、継続的な仕事の確保につながる。取引先を訪問し、相手の話を聞き、観察して相手の考えていることや求めていることを察し、迅速に行動できる能力を身につけると、仕事の幅もグンと広がる。これは電話でも同じだ。

自分が顧客になった場合を想定してほしい。まず、商品を購入した際、宅配便で商品が届くのと担当者が自ら届けてくれるのでは、どちらに誠意を感じるか。宅配便や郵便で届けられても、送付状が入っている、入っていないのでも印象は異なる。

また、商品に不具合が生じたときに、相手のフォローが素早く親切であったか。事前に、担当者から商品についての詳細や気をつける点などを聞いていれば解決できることではなかったか。細かいことではあるが、顧客にとって今後商品を購入する際、どこの会社を選択するかの大きなポイントになる。

商品が故障した際にサポートを求めたら、電話をたらい回しにされたと、一般の顧客が某メーカーを訴えたことがあった。最初の問い合わせがあったときに、しっかり対応ができていれば、大事にはならなかったことである。

アフターフォローはほとんどの場合が無償で、サービスのひとつである。が、担当者ひとりが気にとめるだけでも、取引先の印象は変わってくる。取引先でいい印象を持ってもらえれば、新たな顧客を紹介してくれることもよくあることだ。

普段お世話になっている先輩に、仕事を紹介したことがある。それが終わったときに「ありがとう」とお礼の電話がかかってきた。年下の私が何かと恩を受けているのに、見習わなければいけないことだと実感した。第一線で活躍している人は、謙虚でマメな人が多い。皆さんもこれを身につけてほしい。

段取りポイント

キメ細かなアフターフォローこそ、ビジネスの必須条件である。

●アフターフォローは欠かせない

迅速なアフターフォローを心がけ、とにかく動く

↓

取引先とのコミュニケーションを深める

・売り逃げではない姿勢
・再注文の機会をうかがう

↓

相手の本音がわかる

・相手の買い気やニーズをつかむ

↓

今後の取引につなげる

・定期的な訪問や連絡

[アフターフォローの方法]

訪問

・一般的には、訪問して挨拶するのが妥当
・大袈裟な一面もあるが、短時間にすませればよく、長居しないことを心がける

電話

・定期の注文には、確認の意味でも電話で対応するのでよい。新規注文では、遠方の理由、相手方の多忙の理由以外では使わない

メール、ファックス

・新規では、相手方の多忙、遠方であればやむをえない
・定期の注文には、電話かメールが適当

8 取引先にはどんどん〝貸し〟をつくろう

▼▼▼▼ 非常事態に備えて、困ったときに助けてくれる関係を築く

「データ入力の会社を知らない？」「Web制作をできる会社を知らないかな？」など、取引先に頼まれることは少なくないはずだ。そういうときには、面倒がらず、ツテを頼ってでも応えるべきだ。

私もかつては面倒だなと思ったことがあったが、頼まれるということは信頼されていることだから、すぐに応えることが大切だと上司に教わった。

営業の基本は〝貸し〟がいくつできるかということだ。たとえば、「データ入力の会社を知らない？」といわれたときに、外注先のデータ入力の会社を紹介すれば、両社に〝貸し〟をつくることになる。だが、このような〝貸し〟をしても、見返りを期待するべきではない。せいぜい一〇回に一回返ってくるかどうかである。そのかわり、皆さんが頼みごとをした場合、相手は断わらないはずである。貸しが多ければ多いほど、戻ってくる確率は増える。これが協力関係だ。

段取りポイント **頼まれたらイヤがらずに、すぐに応える。**

●「貸し」はどんどんつくろう

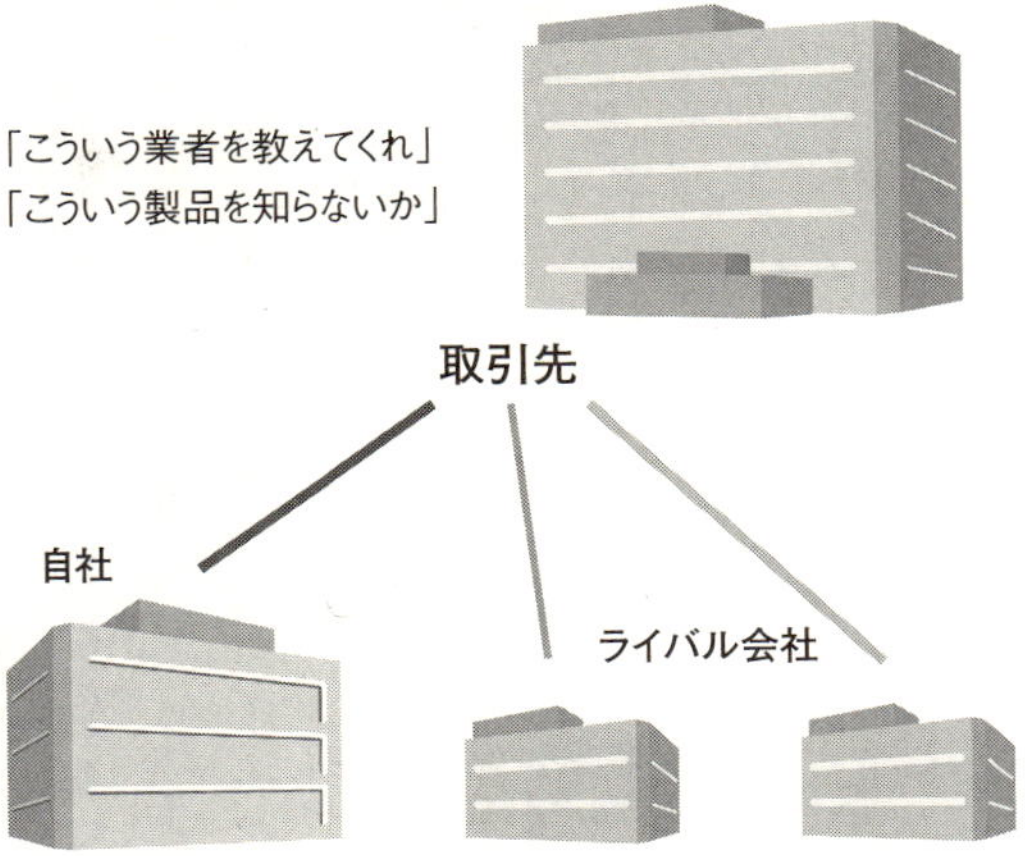

・通常、取引先との力関係上、要求される側にいる
・また、同業のライバル会社が何社か入っているもの

・ここでの〝貸し〟とは、ライバル会社にない情報やコネクションを持つことで、さまざまな貸しを与えること
・また、こうした情報は良質であることが条件で、よく知りもしないで教えると、返しようがない〝借り〟となってしまう点に注意する

この貸しの繰り返しにより、パイプは徐々に太くなっていく。また見返りは求めない方が賢明

9 肉筆手紙で想いを伝える

▼▼▼メールの時代だからこそ心に響く手書き

電子メールや携帯電話の普及によって、手紙を書く機会がめっきり減ってしまっている。手紙には独特の味があり、時流とはいえもったいないことである。

だからといって、手紙を書くために貴重な時間を費やす必要はないが、待ち時間や食後などの空いた時間一〇分程度あれば、ハガキの一枚は書くことができる。

手紙を書き慣れていない方は、文例集の書籍やワープロソフトの手紙フォーマットを参考にするといい。ハガキや便箋とともにカバンに入れて持ち歩くことで、思い立ったときに短時間で手紙を書き上げることができる。

ただし、これは性格によって合う、合わないがある。

人を紹介してもらったときなど、一週間後に手紙を送るよりも、翌日にお礼のメールを送ったほうが相手には感謝の気持ちが通じる。自分にとって、どちらがベターかを考えればいい。最悪なのは、何もしないで相手に無礼と思われることだ。

段取りポイント
空き時間を使って、手紙を書く習慣を身につける。

●お礼の気持ちを手紙で伝える

［注文のお礼状］

マージンは1センチあれば充分

前略　昨日は田中様よりご注文いただき誠に有難うございました。

今週中に発送の方は整いますので、ご指定の○月○日までに到着できるよう作業を進めております。

予定日は改めてご連絡致します。

今後ともよろしくお願い申し上げます。

草々

達筆であることより、ていねいで読みやすい字を心がける

・1行18文字、全体で8〜10行にまとめるとバランスがよい
・サンプルを200％でコピーすると、原寸になるので参考にするといい
・あまり堅苦しい書き方はせず、簡潔に用件を書いていくことが基本
・内容的にも、「前略〜草々」の簡略式がちょうどよい

10 人脈のつくり方・広げ方

良好に維持できる人間関係を目指そう

入社間もないころの、指示されたことを機械的にこなしていった仕事から、徐々に任される仕事が増えてくるようになる。そうやって裁量が与えられていくと、俄然クローズアップされるのが、人脈の必要性だ。「誰かこの辺のこと詳しい人いない？」などと上司からリクエストされて、いえ、いませんでは、役に立っていないようで何ともふがいない。

また、外注作業などでも、まったくの未知の他人よりも、多少知った関係なら結果の見積もりがしやすくなり、作業も円滑に進みやすい。こうした多くの面で、人脈の大きさは大きな武器となり、そのメリットは大きい。

ほとんどのビジネスマンが、大なり小なり人脈の重要性を感じて広げようとするのだが、これがなかなか簡単ではないようだ。

●付き合いのある関係の人脈

まず挙げられるのが、**知り合いからの紹介**で人脈をつくるやり方。

紹介されるときのポイントは、その相手を事前にどれだけ知っているか。手っ取り早くターゲットに接触できるが、本当に希望に叶った人物かの判定・判断が必要だ。

また紹介者への配慮も必要になる。紹介してもらっておいて、ぞんざいな扱いをしていては紹介者の顔を潰すことになる。その逆を言えば、紹介者の顔を潰さないために、適任でもない相手と仕事をするハメになってもいけない。

次に挙げられるのは、**交流会仲間**。

朝活などのライトな交流から、異業種交流会など本格的なものまで幅広い。普段から情報交換をマメにしている分、ピンポイントでターゲットにたどりつきやすい。仮に適任者が見つからなくても、この人脈からの紹介という手もある。

ただし、友達関係という間柄と違い、メリットのあるなしに強く影響されやすいので、ターゲットにどんな実利的なメリットがあるかを示す必要がある。

また、勉強会、研究会などの会合仲間もこれに該当する。情報交換、人脈構築を目的にしていない分、すぐターゲットが見つかるわけではないが、向学心からの関係なので一緒に仕事をやる分には信頼を置きやすい。

●ネットでの関係の人脈

ほかには、**ネット上の付き合い**というものもある。ブログやSNS、ツイッターなどで頻繁にやり取りする関係があれば、これも人脈づくりに生かせる。

ネットという性格上、手軽に気楽に聞けるのがメリットである。これからの世代では、ネットによる人脈構築は、有望な手段となるだろう。

そのうえでポイントをいくつか挙げていくが、まず、ネットの世界とリアルの世界はまったく異次元であるということ。ネットでフランクに話す関係でも、外では丁寧なあいさつから始まる「常識的な行動」を前提とした関係になる。

当然、ネット上でのイメージをすべてリセットして、ゼロから関係を築く心づもりが必要になる。

そして、会ってみるとリクエストと実際にズレがあることが多い。私は過去にずいぶんネット上の人脈を生かしてきたが、一番感じるのはこの点である。

ネット上で「知ってる、できる」と言うので会うも、実際に話を聞くと「それほど知らない、少ししかできない」という具合なのだ。

つまり、ネットでのやり取りには、多少の割り引きが必要ということだ。この点は、付き合い関係のものとでは大きく異なるので、事前に必ず会って人物の見極めをしてから、仕事の依頼等をするようにしたい。

そして何より大事なのは、どんな人脈でも、一度築いた関係は何年たとうがしっかり維持し、大事な関係とすることだ。

よく、一度仕事の関係を持ってもそれっきり。なのに、用ができると急に親しげな雰囲気で再接近してくる人がいるが、こういうのは行儀が悪く相手からも信頼されにくい。持った関係を良好に維持する努力が、人脈づくりの要点である。

段取りポイント

リアルな関係とネットの関係は微妙に異なる。

Part 6

うまく使えば百人力の「仕事の武器」
ツール

1 身近なツールを正しく使おう

ツールを便利に使いこなすほど、仕事がうまく進む

手帳にスマートフォン、ふせん、ノート、筆記具……これら文具やオフィス機器は、どんなオフィスにでも必ずある身近なビジネス・ツールだ。私たちの周りには、便利なツールが溢《あふ》れているのである。

しかし実際のところ、これらは意外と正しい使い方をされていない。

ふせんは単なる「しおり」、書類は手元のリングファイルですべて綴じるか、封筒に入れてダンボールへ。カッコだけのスマホ……。

こんな状態では、せっかく手近に便利なツールがあるのに、宝の持ち腐れと言わざるをえない。仕事のツールを十分に活用するには、まず各々の正しい役割や使い方を知ることが大切なのだ。

たとえば書類を整理するファイルには、実に色々な種類がある。

一種類のリングファイルで、オフィスにある書類を全部綴じてしまおうとしてもダメなのは当たり前。リングファイルの機能を生かすことができないし、結局は書類をダンボールに放り投げておくのと同じになってしまう。

書類を正しくファイリングするには、書類の性格に応じて、何種類かのファイルを購入する必要がある。そしてひんぱんに使う書類はクリアホルダーに、毎週差し換える書類はZファイルに、と分けてファイリングする。こうすればいつ、どこに何が収納されているのか一目でわかるというわけだ。

「アスクル」「カウネット」などの文具・オフィス機器カタログを眺めていると、ファイルひとつとっても実にさまざまな色、サイズ、バリエーションがあるのに驚かされる。情報や書類を整理する際に、この「色」や「バリエーション」を利用しない手はない。書類の分類では、内容に合わせてクリアファイルの色やバリエーションを変えると、わかりやすく見た目もキレイである。

クリアホルダーを利用するなら、いろいろな色を揃えてみる。そして新聞、雑誌の切り抜きを収納するとしたら、新商品の記事はブルー、金融関連の記事はピンクといったように「色分け」してもいい。

ふせんも何色か揃えて、急いで処理しなければならない用件には赤いもの、重要でない用件には緑色、といったように色分けするのだ。

段取りポイント

色や形・種類で使い分ける工夫を

2 ケータイなどのモバイル機器

デジタル・ガジェットは持っていて楽しいうえ、使える

「デジタル・ガジェット（携帯用電子機器）」などとも言われているが、ケータイをはじめとする移動時に使えるツール。Ａｎｄｒｏｉｄ端末やｉＰｈｏｎｅの登場により、モバイル機器の活用の機会が飛躍的に高まり、外出時の仕事も可能になった。

ある営業マンは、営業日報を電車やバスの移動中に、モバイル機器を使って作成しているという。おかげで、帰社してからの作業に時間がかからず、残業はほとんどない。また、ネットやメール以外にも仕事に役立つアプリがたくさんあり、モバイル機器は欠かせないという。

スマートフォンでない従来のケータイを使い続ける別の営業マンも、役割を限定しつつ、できる範囲でフル活用している。基本機能の電話、メール、写真のほか、メモ帳、アドレス帳、計算機はもちろんのこと、ネットで乗り換え案内、時刻表、スケジューリング、辞書など、使える機能を確認するとよい。

段取りポイント　**外でも使えるビジネス・ツールは便利機能を最大活用。**

●ケータイなどのモバイル機器を役立たせたい

[デジタル・ガジェット（携帯用電子機器）]

・iPadのような大きなものから、MP3プレーヤーやICレコーダーのような小さなものまである
・Android端末やiPhoneがとくに役立つ

基本的な使い方

・電話、メール、写真
・メモ帳、アドレス帳、計算機

ネットをフル活用する

・乗り換え案内＋時刻表
・スケジューリング＋ToDoリスト
・検索、辞書

＋

・必要に応じて、アプリの追加が可能
・テキスト打ち込み用に、外付けキーボードが便利
・会社のPCと共用できる

3 クリアホルダー

すぐになくなるので、数と色を多めに揃える

毎日たまっていく書類は、整理下手な人間にとっては頭痛のタネだ。もともと私も整理は大の苦手で、処理に困ったら封筒に放りこんで棚に放置する日々が長く続いた。

しかし封筒に入れてしまっては取り出しにくいし、分類もしづらく場所も取る。そのうえ中身がまったく見えないので、重要な資料やこれから処理しなければならない書類であっても、存在すら忘れてしまうことがしばしばだった。これはまずい。

そこで試してみたのが、「クリアホルダー」だ。

クリアホルダーは書類を挟んで保管しておくもので、枚数の多くない書類をポイッと挟んでおくのに最適である。透明か半透明のものは中が見えるし、少々手荒く扱っても中の書類は破けることがない。安価なものなら一枚一〇〇円もしないので、何十枚と買い込んでも負担にならず、言うことなしだ。

カラーが豊富なので何色か揃え、書類の緊急性、重要度などに応じて色分けして

収納すると、さらに威力を発揮する（信号機と同じように緑・黄・赤の順がわかりやすい）。

また中に仕切りがあるものや、外側に名刺やカードを入れるポケットがついたものがある。このポケットは、相手に資料を渡す際、自分の名刺を入れておくのが本来の使い方。

だが私はそれ以外にも、収納内容をカードに記入してここに入れ、インデックスがわりにも使っている。他には、インデックスつきのクリアホルダーがあり、これはツメが出て分類しやすいのが特長だ。

また新聞、雑誌で興味のある記事にふせんを貼っておいても、たいていは見ることなく捨てられてしまう。そこで、記事はコピーしたり切り抜いたりして、クリアホルダーに放り込んでしまう。これで見る機会も増え、捨てられる心配もない。

なお取引先から封筒に入った資料をもらったときは、横にもハサミを入れ、クリアホルダーのように二方断ちにするとよい。

段取りポイント

安価なクリアホルダーで、色分け収納を。

4 クリアファイル

ポケット数と差し替えに注意して選びたい

一口にファイルといっても、実にいろいろな種類がある。そこで書類の性格に応じて、適したファイルに綴じることが大切になってくる。面倒でも続けていけば、誰が見てもわかりやすく、管理しやすいファイリングシステムが確立されるはずだ。

「クリアファイル」はノート型のファイルで、ビニールのポケットが何枚かついている。ポケットは透明なので、何を入れたか一目瞭然。なくなりやすい契約書、保証書なども、これに入れておけば棚に立てておくことができる。

クリアファイルには、透明ポケットの差し替えが可能な「差し替え式」と、差し替えができない「固定式」があるので目的に応じて使い分けよう。あまりポケットが多いとファイルが膨らんで幅を取り見にくくなるし、薄すぎても冊数ばかり増えて管理しにくくなるので、数十枚程度のポケット数のものが適当だ。ＣＤやＤＶＤなどのメディア類も、差し替え式のクリアファイルで保存するといい。

段取りポイント **書類によって、もっともふさわしいファイルに綴じる。**

●ファイルは使い分けが大切

クリアファイル

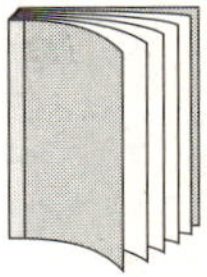

・透明ポケットが綴じられたファイル
・書類をポケットに入れるだけの簡単収納
・サイズはA4、ポケット数は数十枚程度が基本
　◆**差し替え式**……ポケットの差し替え可能
　◆**固定式**……ポケットの差し替え不可

↓

メリット
・重要な書類もきれいな状態で保管
・置き場所が節約できる
・透明ポケットなので中身が見える

Zファイル

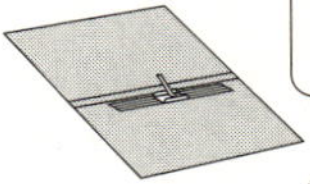

・レバーの上げ下げによって、書類を挟んで綴じるファイル
・資料や書類に穴を開ける必要がない

↓

メリット
・書類の差し替えが簡単
・長期保存して閲覧する書類より、週次などで更新される書類が便利

リング式ファイル

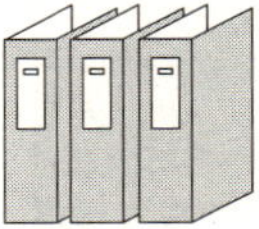

・大量の書類を収納できる
・書類にパンチで穴を開けて綴じる

↓

メリット
・長期保存したい重要な書類を収納
・書類が180度開くので閲覧が楽
・書類がバラけずしっかり収納
・大量の書類を綴じても倒れない

ポイント → **書類はA4サイズで統一。収納が楽になる**

5 ふせん

▼▼▼▼ いつでも、どこでも、誰でも使える段取り界のエース

はってはがせる「ふせん」は、ビジネスでは非常によく使われる小道具だ。ペタッとつけるだけで誰でも簡単に使え〝しおり〟としての機能がよく知られている。借り物の本や資料にはページに折り目をつけたり書き込みができないが、ふせんを利用すれば元の状態をも汚すことも、抜け落ちてしまうこともない。

最大のメリットは、いくらでもはり替えができる点である。私は仕事のメモや、やるべき仕事、思い立ったアイデアなどをふせんに書き込み、手帳や仕事ノートにはっている。そして用件の片づいたものから順にはがしていき、次週に持ち越す用件は次週のページへはり替える。重要な用件は別途手帳やノートに書き写すが、そのままの状態でも保管できる。重要性がないと判断したらはがせばよい。こうすればすんだ用件は整理して、いま重要な用件のみを確実に把握することができるのだ。

段取りポイント　**色、サイズを数多く揃え、メモとして徹底活用する。**

●ふせんを徹底活用

［最強の段取りツールのひとつ］

- しおりとしてページの目印になる
- 書き込みができる
- 自由にはり替えができる
- 誰でも簡単に使えて、保存もOK
- 使い捨てで大胆に使える
- 情報の移動ができる

色、サイズなどバリエーションが豊富

↓ 罫線入り、伝言メモ、回覧用など

色、サイズを数多く揃え、用途によって使い分けを!

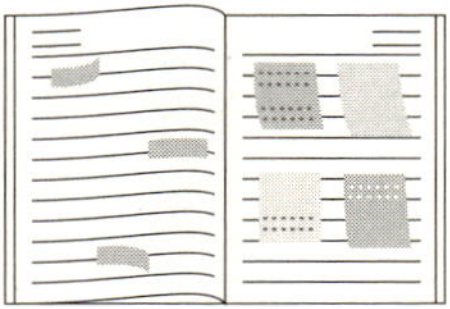

色分け

- 黄、ピンク、ブルーなどカラーが豊富
- 内容や優先順位などによって、色分けをすると効果大

サイズの使い分け

- ミニサイズからハガキ大サイズまで
- 書き込みをするなら大きいサイズ、手帳の目印には小さいサイズと、目的に応じて使用する

6 仕事ノート

日々の記録がのちのちの役に立つ

私は日々の仕事一切をノートに取ることを習慣としている。仕事内容の詳細やノウハウ、手順、進行記録などを、ノートに逐一書き込んでいくのだ。ただ漠然と書き綴るのではなく、誰が、いつ、どこで、何を、どうやってといったことを、こと細かに書き込んでいく。そしてその仕事に関する疑問点や難易点、反省点を記録する。自分の感想など、日記的なことも書いていくのだ。

人の記憶というものは案外アテにならないが、ノートに記録しておくと、後に同じような仕事が発生したときやトラブルに見舞われたときに、経験をもとによりよい対処法を模索できる。また人間の頭は都合よくできていて、苦労したことでも終わってしまうと忘れてしまうものだが、記録しておけば仕事の段取りがマズかった点も後で反省できる。

ノートのよいところは、形式にとらわれずに自由に書き綴れること。最初から見た目の読みやすさなどにこだわると続かなくなるので、まずは書くべきことを書いていくといい。

●仕事ノートを持つ

・しっかりと綴じてあるためバラバラにならない
・少々手荒に扱っても壊れない
・場所をとらず、どんな状態でも持ち運びができる
・どこでも出してサッとメモをとったり、思い付いたことを書き留めることができる
・図や地図、絵も簡単に書き添えることができる

・サイズは小さめ。A5、B6がベスト
・ぎっしり書き込まず、少しゆとりを持たせると、追加での書き込みがラク

毎日こまめにノートを取り続けることによって、だんだんと情報を読みやすくまとめる力が身につき、文章も難なく書けるようになっていく。手帳ですます手もあるが、私は仕事ノートをすすめる。

さて、ノートのサイズだが一般的なA4、B5は大きすぎてカバンにしまいにくく、携行するには負担が大きい。手ごろなのはA5、B6の小さなサイズだ。小型のルーズリーフでもよいが、厚みが出てしまうのが難。ノートは傷みやすいので、五〇シート程度のあまり厚くないものがいい。

段取りポイント

仕事の記録は、すべてノートに記入する。

7 ボールペン、蛍光ペン、シャープペンシル

▼▼▼▼ 使い道に合ったものを自分でセレクト

ボールペンは油性、水性、ゲルインクといった種類があるが、滑らかタイプの油性ボールペンを愛用している。インクもしっかりついてきれいだし、書き出しもかすれず、文字もにじまないので、ビジネスシーンではおすすめである。ただし指紋など、油にハネるものがある。キャップ式は、つけ外しがめんどうなだけなのでノック式を選ぼう。

蛍光ペンの黄色はひじょうによく使われるが、塗ってみると意外と色が薄く、コピーをしても写らないのがポイント。あえてコピーに写さない用途に限定して使うといい。

文具店に行くと一〇色セットの蛍光ペンなんていうものもあるが、いざ使ってみると紫やダークブルーは濃すぎて、蛍光ペンとしての用途からは外れてしまう。必要な色を、一本ずつ揃えたい。

直接インクを入れたものは最後までかすれることなく使え、インクの減り具合が確認できるよう軸が透明なものもある。ペン先がつぶれにくいポリマコート芯、ペ

●筆記具はこだわりで選ぶ

ボールペン

- 黒、赤、青の3色を常備
- 油性、水性、ゲルインク、消せるボールペンなどがある
- 滑らかタイプの油性ボールペンが人気

蛍光ペン

- 青、緑、ピンクが基本の3色
- 黄色はコピーに写らないのを知っておく
- セットは買わず、必要な色を1色ずつ揃える

デスクに常備しておくものの他に、カバンに入れるコンパクトなセットも用意しておく

ン先が窓になって活字が追いやすいものもあるので、用途に応じて選びたい。なお、ペン先の汚れはティッシュで拭くとかなりきれいになる。

書き直しができるといえばやはりシャープペンシル、これは安物でいい。HB〜2B程度の芯が定番だ。2Bなどの濃い芯を使うと、さらにスピーディに書けるが、手やノートが汚れてしまうのが難点。会議の進行記録など、速く大量に自分用の下書きメモをとるときに使うとよい。

段取りポイント

インクの濃さや書き心地にこだわりをもって選べ。

8 ビジネス手帳

自分の職種、用途に合わせて使いたい

手帳といえば、分厚いシステム手帳から各種ビジネス手帳、最近では100円で買える手帳もある。自分が一年間使うものなのだから、自分にとって一番使いやすいと思うものを選んでいただきたい。

さて、手帳は大きく二つの使い方がある。

ひとつは**スケジュール管理のため**のもの。日々の予定をいつでも携行する手帳にまとめ、どんな場面でもサッと取り出して読み書きする使い方だ。

すでに入れた予定のチェックから、その予定群をもとに新しい予定を追加、さらに過去の行動をチェックすることも手帳一冊で可能だ。

もうひとつは、**メモ機能のため**のもの。思いついたアイデアや忘れてはいけないことを書き留める使い方だ。

予定に関することなら、通常予定を書き込んだそばの空欄に書き込み、予定以外のことは後ろのメモページに書き込む。

ところで最近、手帳はもういらないのではないか、と思われる方もいると思う。

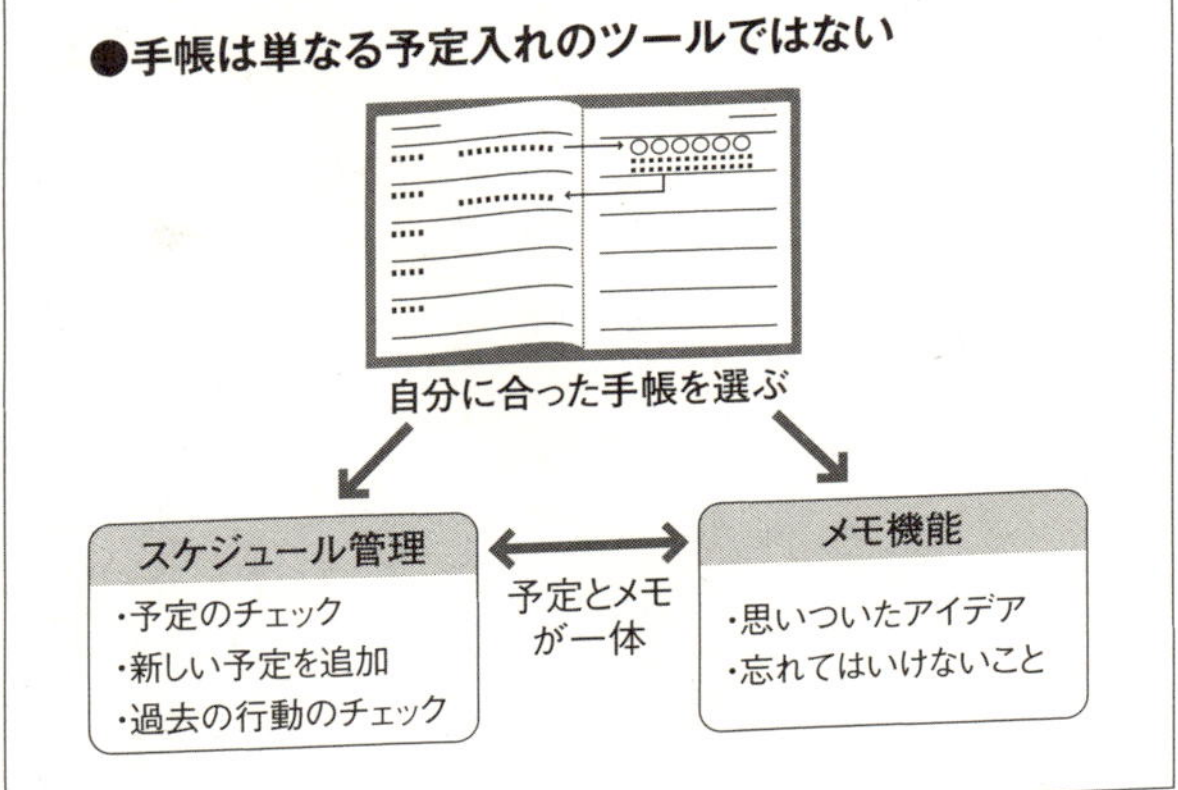

スケジュール管理はグーグルカレンダーで、メモ機能はノートの活用という具合に、専門ツールに任せる考え方だ。

これ自体は間違いではないが、もし予定とメモを一体にして書き込む方は、やはり手帳が合っているということになる。

一体とは、予定と実際、何が起きてどうなったどう思った、その次の予定は……という連係した書き込みのことだ。単なる予定入れだけではなく、気づいたことや感想、反省などを書き込んで活用しているなら、やはり手帳が適しているだろう。

段取りポイント

単なる予定入れに終わらないのが手帳の醍醐味。

9 ToDoリスト

時間をかけずにつくって終えたら捨てる

スケジューリングと似たものだが、ＴｏＤｏリストという予定管理法がある。よく現場では、スケジューリングとＴｏＤｏが混同されているが、両者の用途は若干異なるものだ。

スケジューリングは、これからの予定を漏れなく書いていくが、予定以下のアクションまでは普通書かない。たとえば、「昼食のついでに郵便局」「予約はＡＮＡが先」など、忘れてはいけないことだが、そもそも予定ではないもの。

こうしたときに使われるのがＴｏＤｏリストだ。これは、今日やる、いまやる複数のことを忘れないために書き残して、目の前に置くものだ。

したがって、原則ちゃんとした体裁にする必要はない。大事な予定は手帳にあるのだから、終わったら捨てるものとして、ラフに使う。

コピーの裏紙に書き並べるのでいいだろうし、乱雑に書くのでもいい。テンプレがあってキレイに並んでいるのは、ちょっと実用的とはいいがたい。

そもそも書き並べるのに時間をかけてはならない。一分以内にサラサラッと書い

●ToDoリストはラフが基本

- いま、やるコトを箇条書きする
- コピーの裏紙でいい
- 乱雑に汚く書いていい
- 用件が済んだら消していく

→

- 時間をかけず、すぐつくるものだから
- 保存せず、捨てるものだから

て、誤字なども気にしない方がいい。書いてから、アクションの補足や注意点などがあるときは、下に小さく書いてあまり目立たせず、また複雑にしない。

そして、つくる必要ができたときにリストにすればいいので、毎日の必須業務でもない。

アクションがすんだら線引きあるいはレ点でチェックマークを入れるのでもよい。

細かい項目をひとつずつ消していく楽しみを持っている人は、線引きを太くするなど工夫すればよいが、原則的にシンプルなものがいいだろう。

また、ＴｏＤｏリストは目の前に置くのが必須なので、その点、手帳のようにしまってしまうものとの用途の違いは、理解いただけるだろう。

段取りポイント　**キレイに作ることが目的ではない。**

10 コピー機、電話

取扱説明書を一度見てみよう

普段何気なく使っているのが、会社の固定電話やコピー機。毎日利用するにもかかわらず、なぜか使い方や機能について深く考えることがないものだ。

だが、電話器やコピー機に最初から備わっている機能を利用したり、ちょっとした心がけや簡単な裏技・小物を使うことにより、使い勝手は格段によくなるのである。

たとえば、たいていの電話機には、「発信履歴」と「着信履歴」それに「電話帳」の機能がある。いちいち名刺の電話番号を見てかけるよりも、履歴を見る、登録した番号を検索するなどですませておきたい。

また、資料のコピーをとる際には、用紙サイズは「A4」に固定するよう心がける。元のサイズを生かして、あれはB5、これはA3とバラバラなサイズでコピーしていると、ファイルやバインダーに綴じる際にバラつきが出て困ってしまう。見た目も悪いし、棚や引き出しに収納するのが大変だ。

段取りポイント **毎日使うコピー機や電話機は、少しのアイデアで十二分に活用できる。**

●電話、コピー機を使いこなす

コピー機	
サイズはA4で	資料のコピーをとる際、用紙サイズは「A4」に固定する。ファイリングがラクになる
印刷濃度	印刷濃度は固定しがちだが、新聞の切り抜きのコピーをとる場合は、印刷濃度を一番薄い設定にしておくと文字がきれいに見える

電話機	
「電話帳」機能を利用	よく電話をかける取引先は、事前に登録しておく。「電話帳」機能は、アタマ1文字の検索で、掛けたい相手の番号が表示される
発信・着信の履歴を利用	直近何十件かの発信・着信履歴であれば、ボタン検索で相手の番号が表示される
コードのよじれを解消	受話器のコードのよじれに悩む人には、市販のアダプターが便利。アダプターがクルクル回るので、コードがよじれない。毎日何十件と電話する人は、ストレスを解消できる
電話は机の左側に	簡単なことだが、電話は机の左側に置いておくと便利。電話がかかってきたら左手で受話器を取り、右手でメモを取ったり必要な資料を探したりすることができる

11 引き出しの活用ルール

自己流では絶対に活かしきれない。正しく使う！

ビジネスマンにとって、机は日々の仕事をこなす大切な場所。

しかし机の上には書類や本が山になっている、引き出しはあらゆるモノでゴチャゴチャ……、ということでは話にならない。重要なのは、仕事に必要なツールや書類を、いかにうまく机の引き出しに収納するかということだ。

机にはいくつかの引き出しがある。この引き出しにはそれぞれに最も相応しい使い方があるので、そのルールを知っておくことが大切だ。

まず**センタートレー**（中央の平たい引き出し）は、座ったときに、一番手前にくる引き出しである。面積が広いため、私も最初のうちはついつい大きな書類を重ねて放り込んでしまっていた。

しかしその発想はバツ。最も自分に近いところにある引き出しなので、使用頻度の高い書類や、ここ何日かのうちに集中して利用するノートや帳面を収納すると、出し入れが便利で楽である。

上段のキャビネットは、トレーを使って、文具や小物類の置き場にする。十分に

●引出しの使い方

センタートレー

・半分は向こう1週間程度に使用するレタートレーを収納。残りは使用頻度が高く棚にさらせない帳面やノート、作業日誌などを収納する

サイドキャビネット上段

・カギがかかるので、借り物や見積書、請求書、社外秘書類といった重要書類を保管。最近はすべてにカギのかかるオールロック式も普及している

・文具などの小物類も上段に収納。ふせんやクリップなどの小物は、仕切りのあるトレーなどを利用して整理。ボールペンなどの筆記具、消しゴム、テープ、定規などは、必要以上にためこまないのがポイント

サイドキャビネット中段

・適度な深さがあり、出し入れのしやすいキャビネット。現在進行中の仕事関連一切を納める。仕事がすんだら、不要な書類や資料は当然整理する

サイドキャビネット下段

・A4サイズに書類が横向きにぴったり入るので、書類の収納に使う。「個別フォルダ」を利用することで、かなりの分量の書類を収納できる。個人で所有する書類は、まずすべて収納できるので、残りは棚を利用する

・書類の収納にはクリアファイル、リング式ファイルなどを使ってもよい

モノが置けるように、タテ幅のあるトレーを使うといい。

幅のないトレーを使うとすぐにあふれてしまい、そのせいで机がモノ置き場となってしまう。机回り全体に悪影響なので、ここに注意したい。

中段のキャビネットは、もともとは小型カードや小型ファイルのスペースだったが、現在では使用頻度が低くなってきている。

そこで、私は作業中の仕事物を入れている。簡易金庫が収まる関係で、最近は中段にもカギがつきだしているので、なお都合がいい。あるいは、CD等メディアの収納スペースとして使うのでもいい。

下段のキャビネットは、どのように使うべきか最も悩むところ。かなりの深さがあり、座ったままでは出し入れがしにくいこともあって、私はついつい物置きにしてしまっていたのだが、これは最悪だ。完全なデッドスペースとなってしまう。

実はこの段は、ファイルボックスの収納スペースである。A4サイズのクリアホルダーに入れて収納してみると、とりあえず必要な書類はすべて収まってしまうはずだ。たかが引き出しとはいえ、上手に使えば収容力はかなりのものなのである。

段取りポイント　**引き出しの収容力は使い方次第。**

Part 7

人と差がつく パソコン・インターネット術

1 ビジネスソフトの操作は押さえておく

定番ソフトは普通に使えるようにする

ビジネスで使うソフトといえば、まず「ワード」「エクセル」「パワーポイント」だろう。ながらく、企業の標準ソフトとして使われているが、一応これらのひととおりの操作はできるようになっておきたい。

「ワード」はワープロソフトで文章を作成するためのもので、ビジネスでは報告書やレポートの作成に使われている。ただ一般的な報告書では、ワードよりもエクセルの方が使い勝手がよく、ワードが使われる機会は減っている。

また、ワード画面のごちゃつき感が敬遠されやすく、単純なテキスト作成なら「テラパッド」などフリーのエディター・ソフトも人気である。

「エクセル」は、元は表計算ソフトだが、セルの並びや規則性などから、表ソフトから定型文ソフトへと活躍の場が広がっている。すでに述べたとおり、一般的な報告書はエクセルで作成した方が便利である。また、関数やマクロを活用することで、複雑な表作成を短時間でこなすことが可能だ。

「パワーポイント」は企画、プレゼン用の作成ソフトなので、誰でも必要というわけではないが、関発部門には必須のソフトである。図表やサウンド、画像のほか、アニメーションやスライドまで入ったものを一定時間内でつくれるようになりたい。

他にビジネスでよく使われるものに、**PDFファイル**がある。ワードやエクセルなどで作成されたファイルを「アクロバット」でPDF化させたものだが、署名やスタンプの設定ぐらいは自分でできるようにしておきたい。

また社内文書として作成されたPDFファイルで、必要ないセキュリティが掛かっているものがある。印刷すら許可しないセキュリティ保護で、続きの作業が滞って仕方ないが、こんなときパスワード解除ソフトがあると不便しない。

このほか、業種業界ごとに専門のソフトがあるだろうが、これらは使えて当たり前で、毛嫌いしていては仕事にならないということだ。

つまり、自分が積極的に操作できるようになる必要があるし、外注に任せるとしても自分に知識がなければ円滑な進行管理は無理なのである。

腰を据《す》えて取り組めば、必ず使えるようになるはずなので、自分の業務に関わりのあるソフトは、確実に操作できるようにしておこう。

段取りポイント

エクセルはとくに使えるようになっておきたい。

2 パソコン内のデータも整理する

デスクトップをきれいにしておくクセをつけよう

まず、机の上の書類以上に、パソコンの中にある書類の山を整理する必要がある。社内の文書、社外の文書、作業中のもの、不要なものなど、種類もさまざまだ。

また、手軽に保存することができるため、いつのまにかデスクトップ上がファイルであふれてしまい、すべてを表示できなくなってしまった人もいるだろう。

パソコンの検索機能は優れているため、ファイル名や作成日時などによりファイルを見つけることはできる。しかし、グループ別もしくは仕事の種類別にファイルを分けておかないと、いざパソコン内の整理をしようと思ったときに、一つひとつファイルを開けてみなければならないなど、余計な手間が発生する。

また、誤って必要なファイルを削除するなどのトラブルも発生する。

パソコン・データについても整理する習慣をつけたい。金曜の夕方や月曜の朝など、週に一度パソコン内の書類の整理をするだけで、効率よく仕事ができるはずだ。

段取りポイント **ありきたりのファイル名は厳禁。日付入れを忘れない。**

●ファイルは見やすく整理

・ファイルの新規作成 ➔ とりあえず保存
・既存ファイルの更新 ➔ 別に保存

↓ くり返すうち

ほんの1ヵ月でドキュメントはファイルだらけになる
・明確な理由がないまま保存されている
・上書き保存ですむものも名前を付けて保存している
・フォルダが使われていない、または原始的

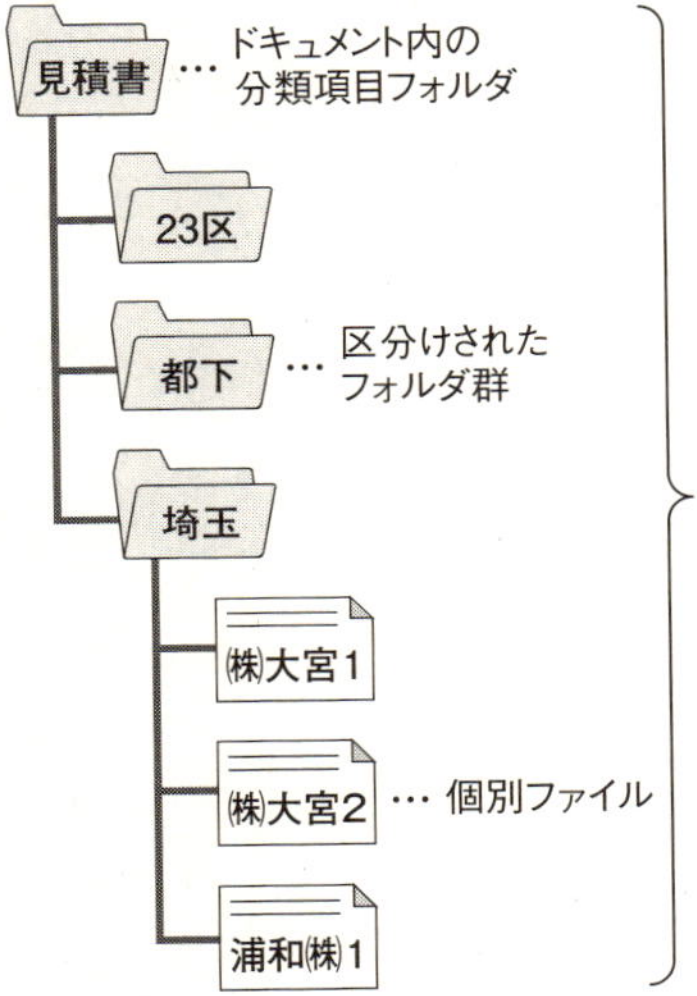

・保存するルール
・保存する期間
・保存する場所

↓

これらを徹底すれば見やすくなる

3 よく使うファイルはショートカットを作成

一発アクセスできる便利な機能

ワードやエクセルなど毎日使用するソフトや、現在進行中のプロジェクトに関するファイルは、パソコンを起動したらすぐに使いたいものだ。それらのファイルを呼び出す場合に、たくさんのフォルダを開くという作業は、ぜひとも短縮させたい。

頻繁にアクセスするファイルが、デスクトップ上にあればすぐに使えるのだから、本体は元のフォルダのまま、ダミーを配置しておく。

ショートカットの作成というが、デスクトップ上に置きたいデータを選択して右クリック、メニューが現れるので、「ショートカットの作成」を選ぶだけだ。元のデータのファイル名に「〇〇〇 - ショートカット」という名前が加わり、新しいファイルがデスクトップ上に保存される。

一方、よく使うソフトは、同じようにショートカットをつくりタスクバーに乗せると、ワンクリックでオープンできる。

段取りポイント　**ワンクリックでのアクセスは、意識して増やすようにしたい。**

●ショートカットを使おう

たとえば、「見積書」のフォルダと、「㈱大宮2」は
よく使うので、いちいち探すのは手間というとき

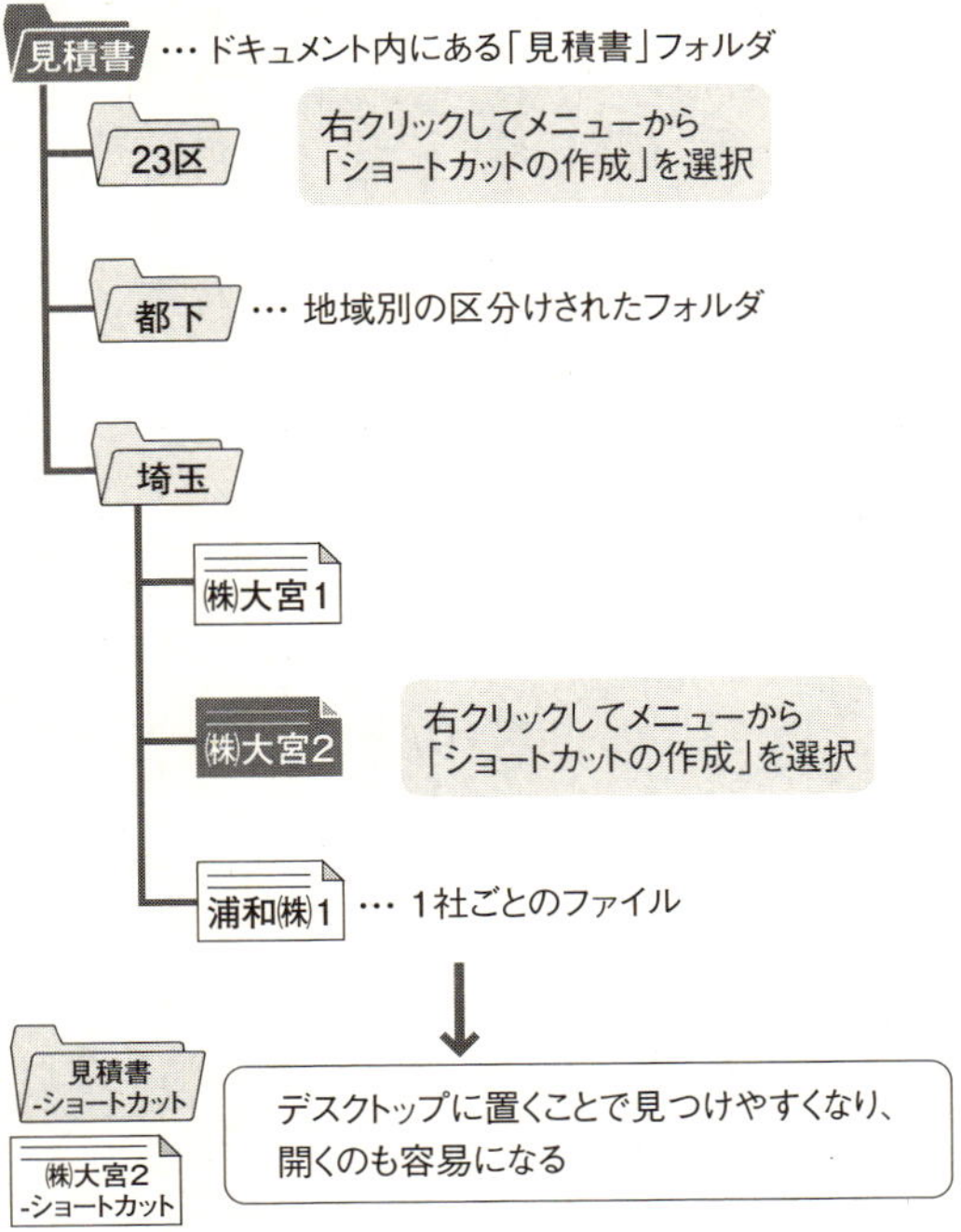
見積書
… ドキュメント内にある「見積書」フォルダ
23区
右クリックしてメニューから
「ショートカットの作成」を選択
都下
… 地域別の区分けされたフォルダ
埼玉
㈱大宮1
㈱大宮2
右クリックしてメニューから
「ショートカットの作成」を選択
浦和㈱1
… 1社ごとのファイル
見積書
-ショートカット
㈱大宮2
-ショートカット
デスクトップに置くことで見つけやすくなり、
開くのも容易になる

4 面倒でもバックアップは忘れない

小さく薄いメディアはバックアップに適さない！

バックアップは大事という認識はあるものの、なんとなく忘れている方が多いと思う。もちろんコマメにするに越したことはないが、もし思い出したときはその都度バックアップをするようにしよう。社内LANにバックアップディスクがあればそれにするが、各自の管理で行なうのなら、外付HDDですることになるだろう。

これをUSBメモリやSDカードなどのメディアで行なうのは勧められない。無くす可能性と物理的に壊れる可能性の両方があるからだ。

それと大事なことは、必ずデータが二カ所存在している状態にすることだ。バックアップが終わったからPCのデータは消してしまう、などということは絶対にダメ。二カ所あれば一方に何かあっても事なきを得る。だが一カ所だけだと、そのディスクに何かあったとき、悲惨な結果になるからだ。再びファイルを作り直す手間を考えれば、昼休みにコマンドひとつ入れるくらい何でもないはずだ。

段取りポイント　**バックアップとは、二カ所にデータがある状態を指す。**

●バックアップは2カ所が基本

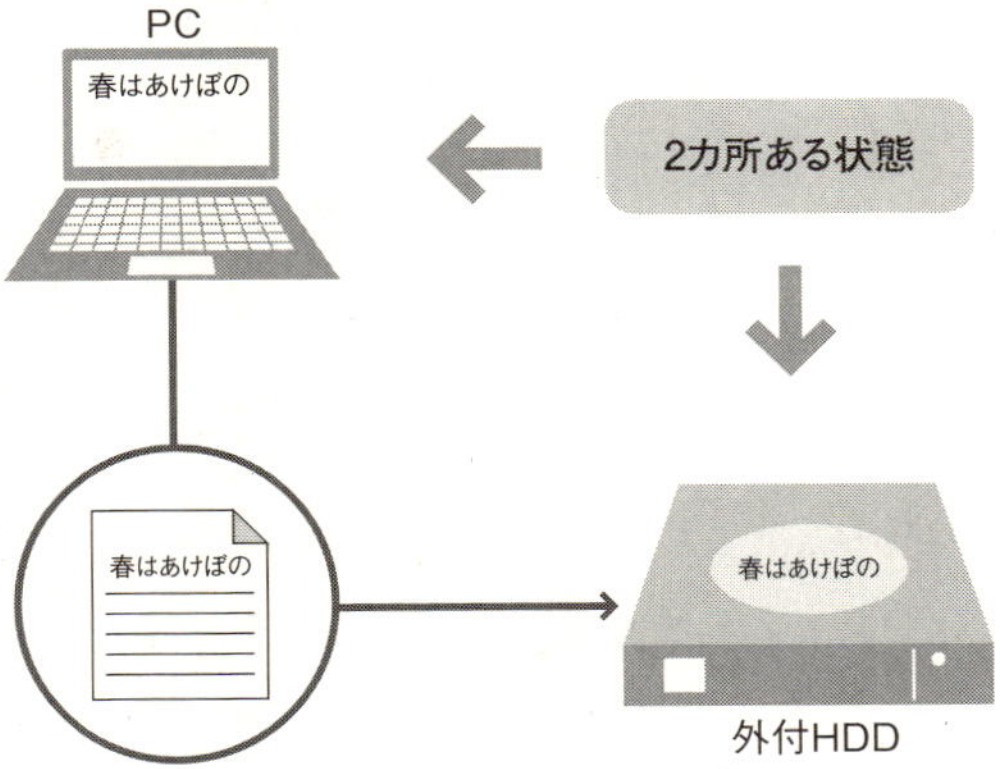

更新したファイルを一時的にバックアップする場合はメディア使用も可

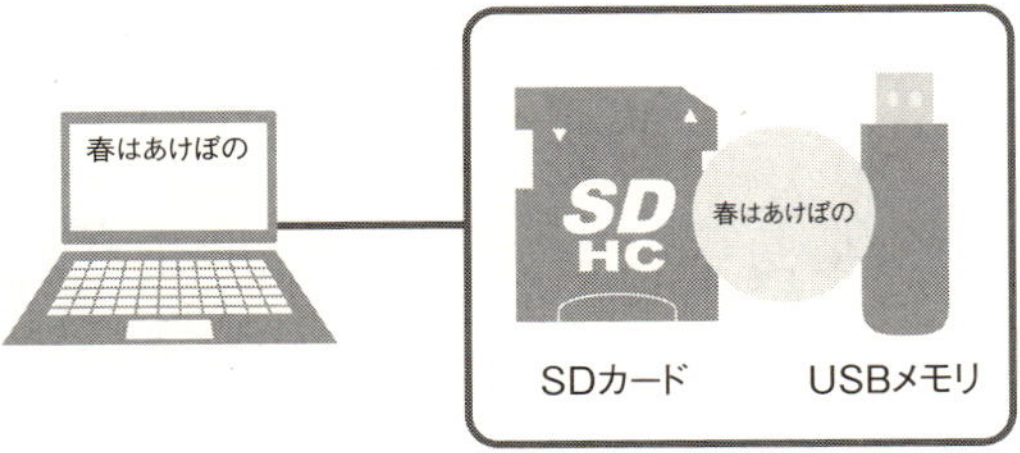

小さくて薄いものは当然壊れやすいので、乱暴に扱わない

5 グーグル検索で速攻探し当てる方法

探すのに一苦労する検索方法はNG

グーグル検索で探しものをするとき、ただ知りたいキーワードを入力しただけの検索はもう卒業しておきたい。大体の用語はヒット件数が膨大で、行きたいサイトにたどりつくのが難しいからだ。

検索の精度を上げるためには、トップページからウインドウ右の歯車マーク「検索オプション」をクリックする。ウィンドウに入力して、探し当てるようにしよう。

とくに必要なのは、四番目の**「除外するキーワード」**である。似たような二つのキーワードが混在しないように一方を取り除く、使用頻度の高い検索方法である。

また検索結果から、さらにカテゴリーに分けて検索を絞ることも可能だ。結果ページの左側にあるのがカテゴリーで、たとえばブログに絞って検索したり、一時間以内、二四時間以内など期間指定の検索も可能で、ひじょうに便利である。

これらを使えば、たいていの知りたいことはピンポイントでヒットするはずだ。

段取りポイント
カテゴリーで絞り込めば、情報収集に役に立つ。

●ピンポイントで探し当てる

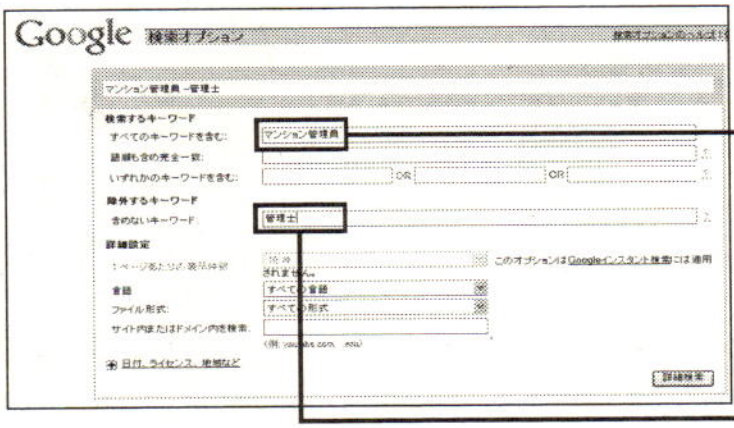

キーワードを入れていくがこのままでは他の情報まで混ざり探しづらい

「除外するキーワード」を使って知りたい情報だけを絞り込む

検索オプションで主に使うのは「検索条件」の4つ
さらに、

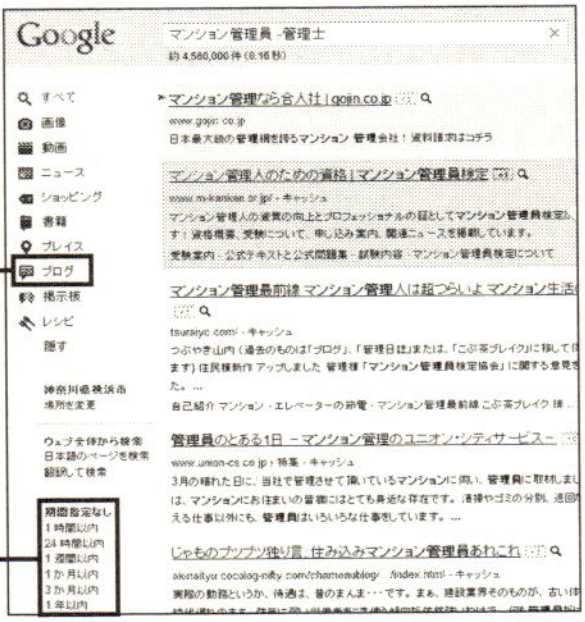

「もっと見る」→「ブログ」や「もっとツールを見る」→「期間指定」はとくに探しやすい

カテゴリー分けで探し当てることが容易になる
グーグル検索には、他にも特殊な検索がたくさんある

6 情報は、集まっているサイトから選ぶ

何も考えなくてもジャンルの情報が手に入る

前項のグーグル検索は、能動的に情報収集のアクションを起こして知りたい情報にたどり着く方法だが、もっと全般的に知りたいジャンルの情報を常時押さえておくにはどうしたらいいか。いちいち自分がキーワードを入れて探すのではなく、もっと受動的にオートマチックに行なうわけだが、方法はいくつかある。

一番手っ取り早いのは**「はてなブックマーク」**を使うことだ。はてなのサイトで勝手に最新情報を集めており、こちらは関心のあるジャンルを選ぶだけだ。

また、**「2ちゃんねるビジネスｎｅｗｓ＋」**は、2ちゃんねるにしてはめずらしくまともなカテゴリーで、はてなブックマーク同様、手軽に情報を得ることができる。

能動的に探す方法、受動的に探す方法の両面を武器に、情報収集を得意にしてほしい。

段取りポイント **余計なことをしない方法でムダを避ける。**

●情報探しでいちいち苦労しない

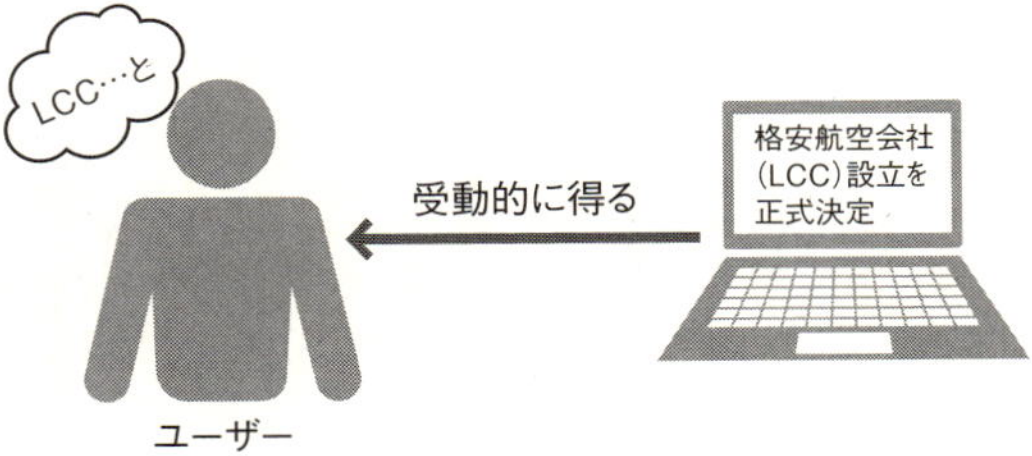

「はてなブックマーク(http://b.hatena.ne.jp/)が便利
自分の関心のあるカテゴリーを選べば、旬の情報が勝手に集められる

さらに特定ジャンルについて情報を追いかけたいときは

・専門的なブログをチョイスして、RSSリーダーに登録して更新があるごとにチェックする
・リーダーは、ブラウザ型、メーラー型、ティッカー型などあり、無料のものがほとんどである

7 エバーノートで何でもスクラップ

▼▼▼▼「持ち歩き用の脳」として重宝する

情報収集したままではいいが、知りえた情報はどうするか。

「とりあえず、ブラウザのお気に入りに……」という考えは、もう止めた方がいい。あっという間にお気に入りメニューは満杯になり、メニューから探すのが困難になる。「では、これらをファイル化してPCに保存すればいい……」という考えもできる。これは実際私もやっている。「雑多な情報」としてフォルダを持っているが、これだとPCが目の前にない限り、役立たずとなってしまう。

そこで一番便利なのは、**Web上で管理してくれる専用サービス「エバーノート」**である。これなら、いつでもどこでも探す手間なく情報を引き出せる。テキスト、画像、音声ファイルを一元管理してくれ、それを会社のPCや手元のモバイルで利用できる点が最大のメリットだ。個人的には、モバイルのカメラ画像とPCのプリントスクリーンを多用している。

段取りポイント　保存情報を、いつでもどこでもすぐ見られる便利さ。

●いつでも、どこでも、すぐ見られる

情報が1カ所に集中していると、他の端末から自由なやり取りができない

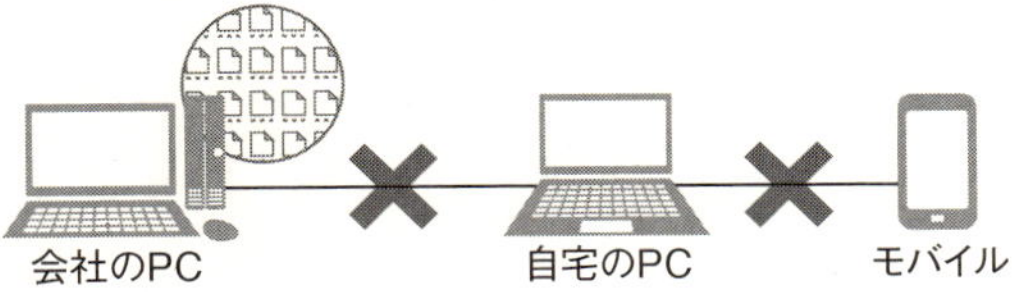

Web上で
一元管理してくれる

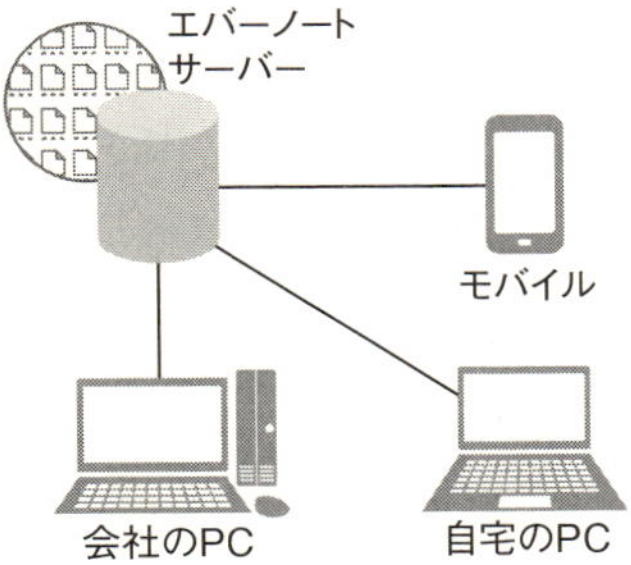

どの端末からでも、
操作できる

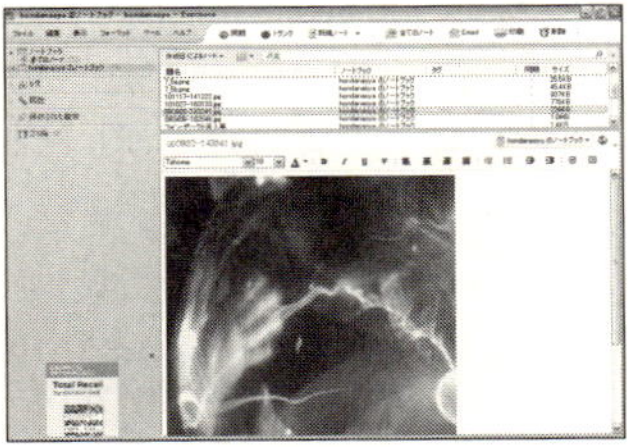

フォルダ感覚で
管理がラク

8 移動中でもエクセルファイルを操作する

▼▼▼▼ 会社にいずして資料を作成

これまで、移動中での仕事についていくつか解説してきたが、報告書や日報づくりに問題がひとつあった。それは、多くの企業ではエクセルを使って文書作成しているが、エクセルファイルはモバイルツールで作成・管理できないことが多く、テキスト形式の下書きレベルで終わっていたことである。

この点を解決してくれたのは、まずＷｉｎｄｏｗｓ Ｌｉｖｅ。Ｗｅｂ上でワード、エクセル、パワーポイントが無料で使え、読み込み・作成が可能になった。ただし、Ｗｅｂ上で作成したエクセルファイルは会社のＰＣなど端末に移動できない。作成だけでなく管理も必要な場合は、グーグルドキュメントが解決してくれる。グーグルドキュメントでは「スプレッドシート」というプログラム名で、エクセルファイルの読み書きをしてくれるが、作成したファイルを会社のパソコンに移動もできるのだ。閲覧・作成のみならず管理もできる優れモノである。

段取りポイント　**エクセルの閲覧・作成・管理は、グーグルドキュメントでＯＫ。**

●Web上で文書を作成・管理する

移動中のエクセルファイルの作成が厳しかった

社内文書の多くは
エクセルファイル

ほとんどのモバイルでは
エクセルは開けない

メールアプリやGmailで多少の読み書きができる
ていどだった

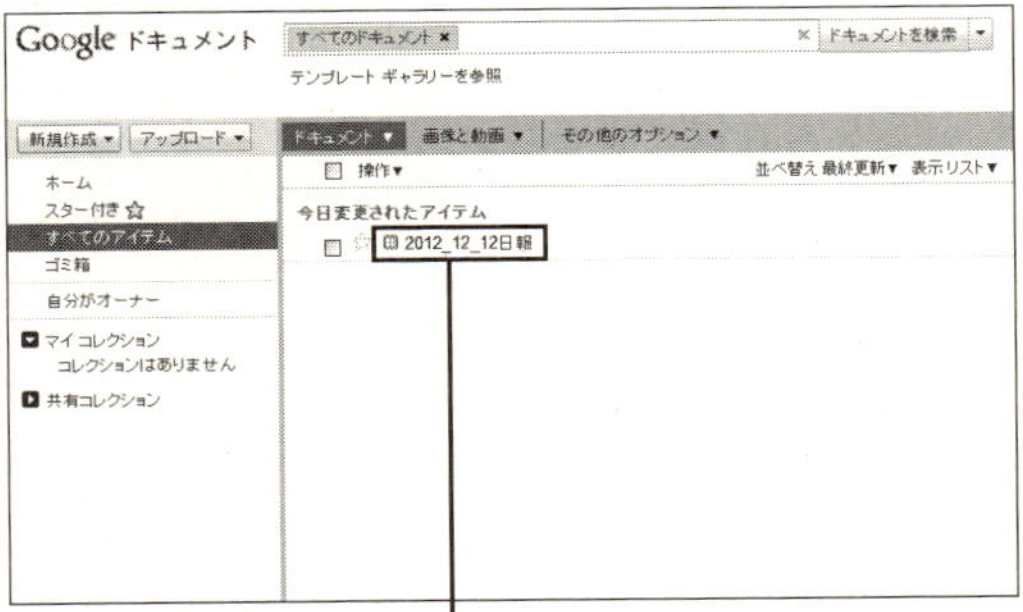

エクセルファイルの作成・管理が
自由にできるようになった

グーグルドキュメントは、エクセルのほかにワードや
パワーポイントの作成・管理もできる

9 スケジューリングをWeb上で行なう

グーグルカレンダーはToDoリストつき

スケジューリングには、手帳が便利だという考えは変わらないが、サブ的にだが私もなかなか便利に使っているサービスがある。それが**グーグルカレンダー**である。

以前からスケジューリングにもデジタル化の流れはあったが、たとえばケータイによるスケジューリングやアウトルックによる予定表は便利にはほど遠く、実際浸透するまでには至らなかった。

ケータイでは画面が小さすぎて、一覧性で不便この上なく、わずかにアラーム機能が支持を得て、そのためだけの使い方になってしまった。

アウトルックの予定表は、つくり自体は文句なしだったが、携行できないという致命的な欠陥が足を引っ張った。

そしてグーグルカレンダーだが、これらの欠点がまずクリアされている。

Web上の管理なので、端末を選ばない。いつでもどこでもアクセス可能だ。そしていまどきのモバイルツールなら、画面サイズは広く一覧もできる。ちなみに、ケータイでアクセスできるのも何気にすごい点である。

●グーグルカレンダーはかなり使える

30分単位で区切られているが、当然10分単位、15分単位でも設定できる

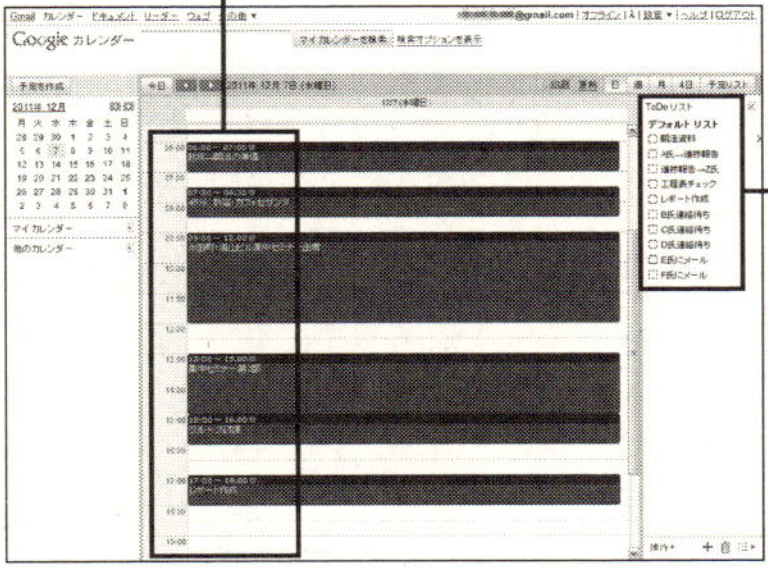

ToDoリストが並記されていると、かなり細かい予定組みも可能となる

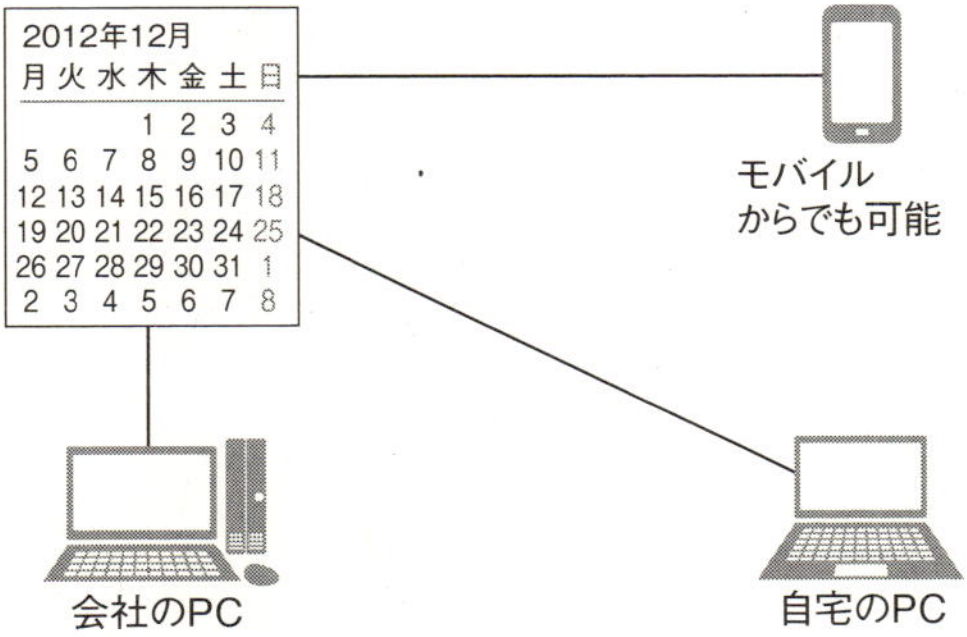

端末を選ばない、インストール・ソフトウェアを必要としない点がとくにメリット

そして通知もメールを選択できるので、言うこと無しである。

さらに、他のＷｅｂサービスに差をつけているのは、カレンダーの右側にＴｏＤｏリストまで用意していることだ。

ここまで機能が揃っていれば、日常でストレスを感じることはほぼないはずだ。スケジュールソフトであれば、日／週／月のカレンダー表示をワンボタンでできるのが普通だが、さらに日にちの区切りをカスタム設定できるのも特長である。たとえば三日間のスケジュールを一覧させることもできるし、月曜から平日五日間の一覧表示もできるということだ。

それとこれは意外なポイントだが、週の始めを月曜日から表示させることも可能で、グーグルカレンダーは、一覧性にはかなり工夫したつくりにしているのである。

最後に、アウトルックの予定表と同期できるようになったことは、特筆すべきメリットである。これまでアウトルックを使用されていた方も結構いらっしゃると思うが、これで心配なく移行できるのではないかと思う。

段取りポイント　**すべての端末で一発アクセスできるようにして使ってみよう。**

Part 8

顔が見えないからこそ気をつけたい
メール術

1 ビジネスメールの基礎知識

「拝啓時下益々御清栄～」は必要ないのか

一般的にメールには「拝啓など前文は一切必要ない」という、堅苦しいあいさつを省く風潮があった。

これ自体は間違いではないが、実際のビジネスメールでは、必要であればやはり拝啓も前文も入れている。もちろん、手紙ほどの仰々しさは無くなっているが、何でもかんでも「用件のみ」ですむわけではないことは知っておこう。

本文の書き方は、常に相手のことを考え、誤解を招く表現を避けることを念頭に置く。読み手にわかりやすい文章を書くには、**できるだけ短文を使うこと**と、**用件を明確にすること**、の二つがポイントである。

メールを書き終わったら、送信ボタンを押す前に「この文章で誤解を与えないか」と必ず読み返して確認し、わかりやすいメールに変えていく。

あいまいな表現、別の解釈ができるものは厳禁。会話と違って、その場で確認し合えないメールでは、このことに十分注意する。

メールに関してもうひとつ重要なこと。ビジネスでは、ＰＣメール、ケータイメ

●メールを制する者はビジネスを制する

会社から割り当てられるPCメールのアカウント、業種によってはケータイメールのアカウント、さらにWebメールのアカウントを取っておく

ール以外に、**Webメールのアカウント**も追加しておく。

用途については後述するが、いつでもどこでも使えて、もちろん無料なのだから、持っていて損になることはない。むしろ、Webメールは一番便利で必須である。

グーグルのGmailやMSNのHotmailがビジネスメールに適しているので、これらから選ぶといい。

段取りポイント　**送る相手なりに使い分けするのがコツ。**

2 一目で用件がわかる件名と本文にする

▼▼▼▼ 迷惑メール設定に蹴られる件名にしない

重要なメールを送ってみたものの、一向に返事が来ない。時間をロスするばかりかトラブルにもなりかねない。

何が起きているかというと、だいたいは相手に読まれていないことが多い。

たとえば、メールには送信者と件名が表示される。メールを受信したら、まずここを見て、すぐに読むかどうかを判断するものだ。その件名が「こんにちは」と「Aプロジェクトの企画変更」では、どちらのメッセージを優先的に読むかは、一目瞭然だろう。

また、件名から迷惑メールとして認識されてしまう場合もある。「おはようございます」の類いだと、スパムメールがよく使う言葉なので同種と判断されても仕方ない。

もうひとつ、よくありがちなのだが、ある人にメールを送ろうとしたときに、過去の受信メールの返信としてつくってしまうことだ。これは気をつけておかないと、緊急重要な用件なのに、以前の「Ｒｅ：花見の件」のままで送ってしまい、相

●プレビュー表示でも読まれないメール

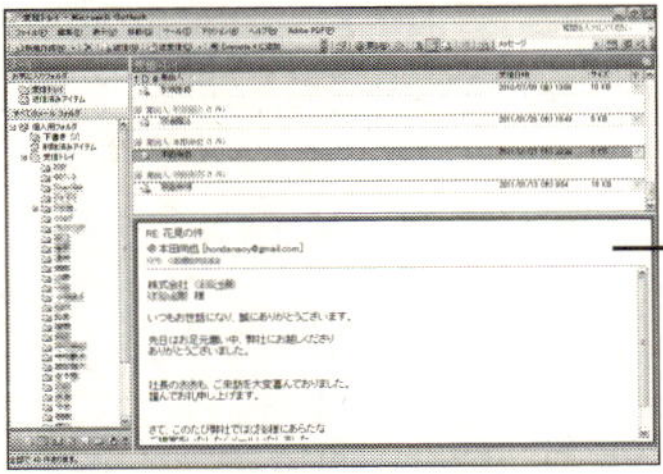

表示機能の選択で、いきなり本文が見られる。プレビュー表示では、すべての文面が見えているわけではなく、アタマの10行ほどが表示されるにとどまる

・すぐに本題に入らないと、内容を把握できない
・件名とともに、本文も内容が一目で分かるようにする

手が「まあ後で見るか」と放置してしまいかねないので、必ず件名も変えて送るようにしたい。

さて、表示の仕方によっては、プレビューされて内容が見えるものもある。これだとはじめの一〇行ていどで用件を明確にしないと重要度が伝わらない。前文などを抜かせば、最初の五行が勝負になる。

ということは、あまり意味のない話はやめて用件から入らないと、プレビュー表示で重要度が低いと後回しにされやすくなるのだ。

段取りポイント

用件を含んだ件名と最初の数行が勝負。

3 メールもテンプレ化する

イチから全部打ち込んでいては時間のムダ

社内外の文書では、通常テンプレが用意されているものだが、メール文のテンプレというのはあまり見られない。ネット通販利用時に送られてくるメールなどはテンプレそのものだが、やはり味気なさが敬遠される理由だろうか。

だが、ここで考えたいのは、すべてをテンプレでまかなうのではなく、部分部分のフレーズを転用することだ。

とくに、事務的なメールはむしろテンプレを大いに活用すべきだ。ここでの時間のロスは毎日の業務だけに、結構なレベルになる。

事務的メールには、連絡メールや確認メール、お知らせのようなものが挙げられる。ニュースリリースの類いを添付ファイルで送るときのメール文は、いたって形式的で、これなどはテンプレでもまったく失礼にあたらないだろう。

テンプレのフレーズは、**一通の受信メールとして受信箱に残しておく**と、取り出しが容易である。そこからのコピペで使っていく。

ほかにも、定型フォーマット化させる文書はある。アウトルックであれば「ツー

●署名を活用する

フレーズを集めたテンプレのほか、
署名をテンプレ化させる

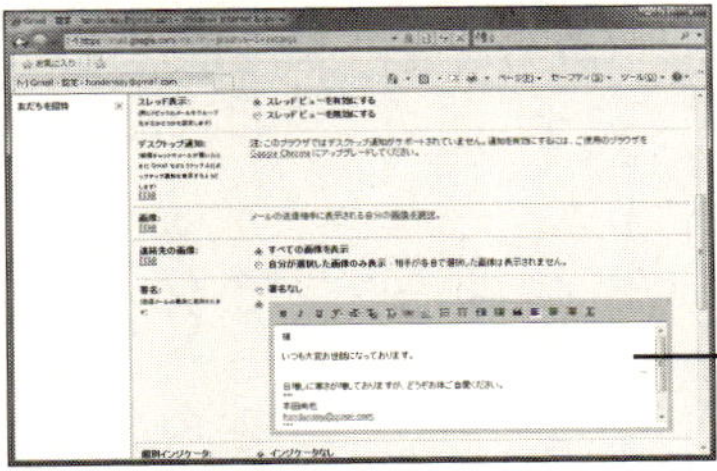

署名だけにせず、前後のあいさつ文を入れたものをつくる。季節のあいさつを入れ、定期的に更新すると楽しい

ル」→「フォーム」で簡単に作ることができる。

ただし、キチンと気持ちや意見を伝える内容のメールではいくら便利でも厳禁。相手から見透かされてひんしゅくを買うだけだからだ。

それともうひとつ、**署名を活用する方法**もある。これも定型的な文章を使う際に大いに役立つのだ。

設定はアウトルックなら「ツール」→「オプション」で署名項目が見つかるので、按配のいい文章を入れておこう。

段取りポイント　**気持ちや意見を伝えたいメールでは絶対使用しない。**

4 一通のメールにはひとつの用件

長文はもちろんダメ。何でもかんでも詰め込まない

用件がいくつもあって返事に困るメールをもらったことはないだろうか。あれこれ話が飛んで、どこから返事をすればいいのかわからなくなる……そんなメール受けたくないし、当然こちらが送ってもいけない。

ビジネスメールでは、**一回のメールに対し用件をひとつにするべき**である。これをクセづけるには、「取り急ぎ」の三行報告メールをとりいれることだ。

「取り急ぎ、ご報告まで」「取り急ぎ用件まで」として、軽く終わらせるのだ。

さて、複数用件のメールを受け取ったとき、どう返信をすればこちらも冗長にならないか。この場合、元のメールの用件部分を引用し、返事を書いていくとわかりやすい。どの用件に対する返事かを明確にすることを第一に答えていこう。

または、改行を多く取って、ごちゃつかないようにまとめ、なるべくひと言で終わらせるよう心がける。それが不可能なら、対話するべき内容ということになる。

段取りポイント **「取り急ぎ」のメールで簡潔に。**

●わかりやすく、シンプルにする

[送るとき]

取り急ぎ、ご報告いたします。
明日、再度調整して納品いたします。
連絡が遅くなり、申し訳ありません。

・軽くまとめるには、3行にすると収まりがよく見える
・最後の3行目は、「用件のみで失礼いたします」としてもいい

[受けたときの返信]

>の修正をお願いします。
了解しました。

>ですと、ありがたいのですが。
明日9:00にお待ちいたします。

>ご相談にのれず、申し訳ありません。
その件は承知しておりますのでお気になさらず。

>赤ではなく、青を希望します。
すみません。青はもともとないようです。

・引用は最後の行か終い2行でいい
・なるべく一言でまとめるほうがわかりやすい

5 メールは捨てないで、すべて残す

メールは記録、証拠書類なので原則保存

送受信したメールは、とにかく捨てずに取っておくこと。HDDの容量を気にする必要がなくなったいまでは、わざわざ一件一件取捨選択する必要がない。

それに、内容の重要度も飛躍的に上がっている。記録、証拠書類といえる重みを持つ文章が多く、そのときの判断だけで捨てるのは誤りである。

だからといって、受け取ったメールを増えるに任せて「受信トレイ」にただ溜めておくのも、いかにも能がない。

メールは、原則的に受信トレイにそのまま残しておかず、受けたメールは各フォルダに移動させる。すると、受信トレイは直近にメールチェックした分だけが一覧され、間違えようのない見やすさとなる。

また、すぐ判断できない用件や、忘れてはいけない用件を受信トレイに残しておいても、紛れることがなく助かっている。

移動先の保存フォルダは、色々なカテゴリ分けができるが、多くは氏名や社名で分けられる。こうして分類されたメールを、日付順で表示されるようにしておけ

●メールの管理

フォルダを作り、ふりわける	・受信トレイに溜めておかない ・社名、氏名あるいは年月でフォルダをつくる ・日付順に表示させておく
検索機能を使って探す	・「RE:○○」ばかりのメールだと探すことができない ・探す場所を選択しておいたほうが確実に見つかる

ば、見た目で迷子になることはない。

また、見つけたいメールを瞬時に探しあてる機能に「検索」がある。氏名や社名のほか、件名に使われるキーワードを入れて探せば、すぐに該当メールがヒットする。

ここで再度「件名」が重要になってくる。

皆さんが送ったメールは「送信済み」として残されるが、「RE:」のままのメールを送っていると、検索が当然利かない。「以前のメールで、自分は何て書いたっけ」と確認したくても、相手の氏名と日付から探さねばならず、何ともお粗末だ。

段取りポイント　**後で検索することを念頭に置いて管理する。**

6 複数の人への同時送信のルール

アドレスが見えるほうがいいときとダメなとき

通常のメールは、ひとりの相手に送るものだが、複数の相手に同じ内容のメールを送るときがある。これを一人ひとりにいちいち送信していては大変だ。

メールの機能には「CC」「BCC」があり、通常これを使う。

複数の相手A、B、Cに対し、このメールを他の誰に送っているかを知ってほしい場合は、「CC」を使う。すると、それぞれのメールアドレスがオープンになり、Aは「BさんとCさんにも送っているのか」と確認が取れる。

これは社内でメールを共有するためによく使われている。進捗状況や送った・送ってないなどがすぐわかり、管理面でメリットが高い。

対して、A、B、Cがそれぞれ面識のない相手の場合、うかつにメールアドレスを晒《さら》すわけにはいかない。そこでメールアドレスがオープンにならないようにするのが「BCC」だ。社外の他人同士の場合は、こちらのBCCを使えば問題は起きない。

段取りポイント　CCとBCCは使い分け、絶対に間違わないこと。

●CCとBCCの違い

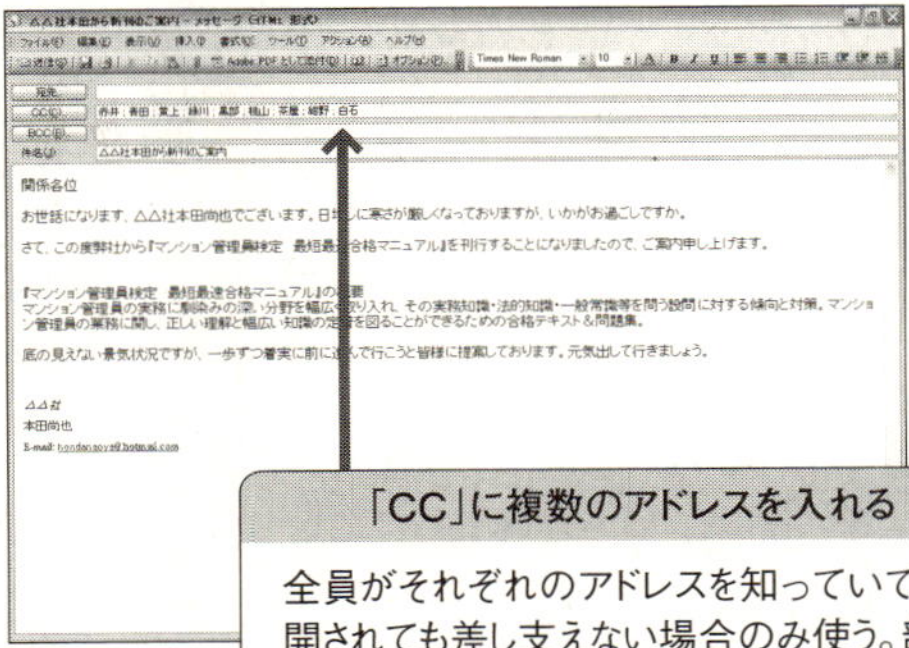

「CC」に複数のアドレスを入れる

全員がそれぞれのアドレスを知っていて、公開されても差し支えない場合のみ使う。部署ごとに、CCで管理されている場合が多い

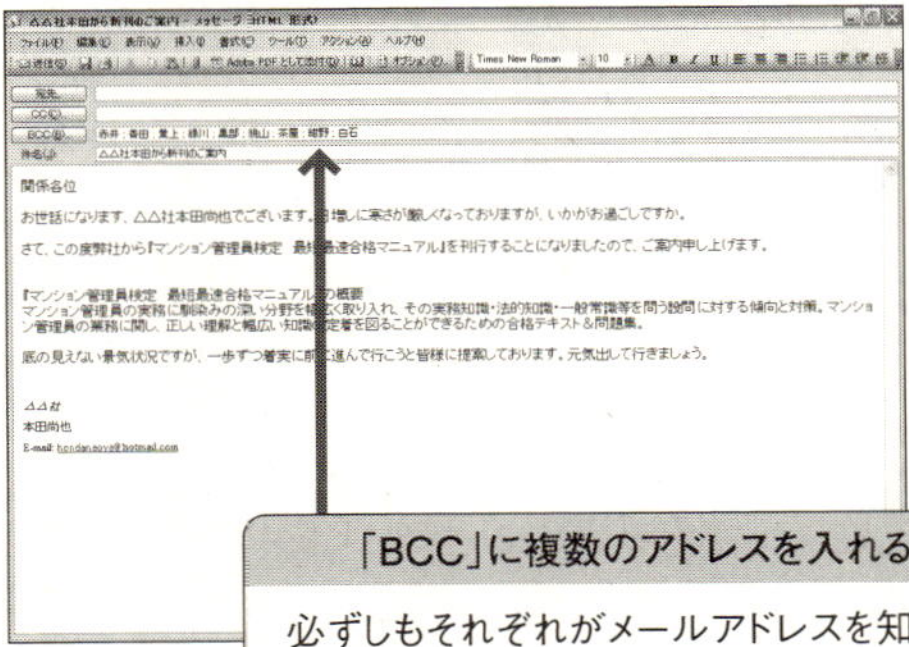

「BCC」に複数のアドレスを入れる

必ずしもそれぞれがメールアドレスを知っているわけではなく、公開がふさわしくない場合に使う。メールアドレスが隠れた形になる

7 出張や休暇中の自動転送

▼▼▼▼出先で大事なメールが開けずに、お手上げになることも

休日や出張などで会社を一日単位で空けるときがある。そんなときに、仕掛かり中の大事な用件のメールが来てしまったらどうするか。

その場合、Ｗｅｂメールに転送しておくと、急ぎの際にも迅速に対応できる。とくに出張の場合では、転送されると何かと助かることが多く、ぜひ設定をしておきたい。

アウトルックなら「ツール」→「仕訳ルールと通知」から「新しい仕訳ルール」を入れ、転送先のメールアドレスを入れると、来たメールを転送してくれる。

ただし、パソコンとメーラーが起動状態でなければならず、それが現実に厳しいのであれば、プロバイダの自動転送サービスを使うといい。

ちなみに、出張中でなくても常時、会社のＰＣメールをＷｅｂメールに転送しておくと、メールのバックアップが取れることになる。

段取りポイント　**Ｗｅｂメールへの転送なら、時と場所を選ばない。**

●自動転送機能を使おう

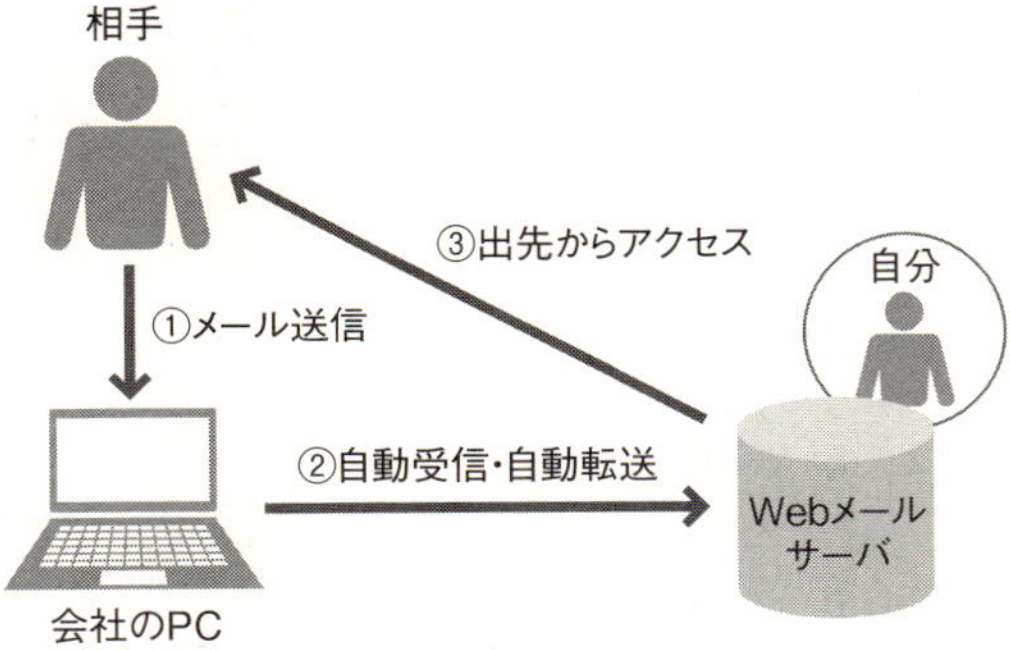

・不在のときはWebメールに転送するので、自動受信・自動転送の設定をしておく
・自動受信・自動転送をするには、PCとメーラーが起動状態になっている必要がある
・Webメールに転送しておけば、モバイルや自宅のPCからチェックすることもできる

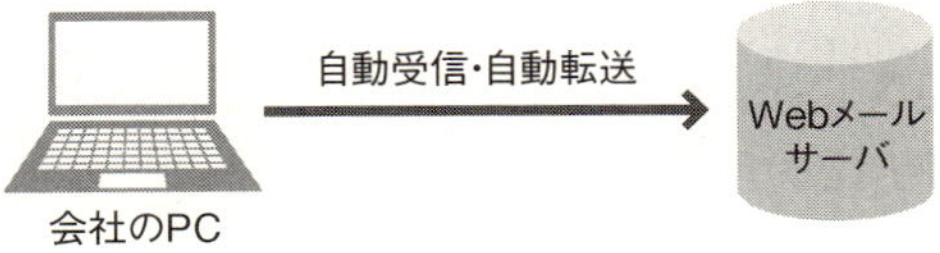

・これ自体がメールのバックアップになっている
・PCを替えたときメールデータが残されているので手間がない

8 メールに時間をかけ過ぎない

受信した日のうちに返せばOK

一日のうちでメールの処理にあてる時間を決めておくことは前述した。これは、メールにかかる時間が本人の自覚より長く、本来の業務の妨げになるからである。一件一件、自動受信で来た新着を即チェックし、即返信では大変である。

よほどのことでない限り、メールを送った相手が即返信を求めることはない。受信したその日中に返信をすれば問題はない。

また、大して重要ではないメルマガを受信している人もいるだろう。その場合はコマメに購読中止の手続きをするか、ゴミ箱行きの仕分けをする。

さらに当然に重要なことは、プライベートメールは仕事場に持ち込まない。Webメールなら上司にバレないからいいという考えは止めにすることだ。

効率よく仕事をするために、いまやメールは欠かせないツールとなったが、正しい使い方をしないと、時間のロスを生む元凶になりかねないのだ。

メールで文章を書く時間を甘くみてはいけない。電話より早いと考えがちだが、意外と時間がかかるのだ。

●伝達手段によって向き不向きがある

	メール	電話	直接会う	FAX
緊急の用件		○		
重要な用件			○	
確認の用件	○			○
連絡事項	○			○
単純な用件	○	○		
複数の用件		○	○	
質問、回答	○			○
不在時	○			○

連絡事項などを送るのであればメールが便利だが、感情がからむような指示や依頼、アドバイス、あるいはお金の交渉など、デリケートなことは電話する、または直接会って話す方がトラブルがない。

安易にメールでやりとりすると、本意ではなくても相手を怒らせてしまうこともある。メールだけに依存するのではなく、伝えたい用件によって、直接会う、電話、ファックスと使い分けることができて初めて、段取り上手といえる。

そして、メールの返信をする時間をルール化させることもつけ加えておきたい。

段取りポイント

メールの返信は時間を決めて迅速に。

9 外出時に使えるモバイルのメール

▼▼▼▼移動先でのメールのやりとりはスピードが命

会社のPCメールを転送しているWebメールに新着が入っているとする。チェックすると大事な用件。しかし、こちらは移動中の身で用件に取りかかることはできない……。こういうときこそ、モバイルでメールを送り、移動中でいまは無理だが帰り次第とりかかる旨を知らせることだ。ここを電話でやり出すと、無用な長電話になりやすい。相手がメールで用件を伝えてきているのだから、こちらもメールでいい。

また、メールを貰っているのにチェックしないまま、帰社してから時間を取られるより、出先でアポ取りしてしまうなど、やれることをすますのがベストである。

なお、モバイルからの返信は、送るときに「BCC」にして会社のPCメールにも送っておくと、自分にも同じ内容のメールが届くことになり、やりとりの抜けがなく、一元管理できて都合がよい。

また、ファイルもPCほどではないにせよ、軽く管理しておきたい。転送された分はパソコンに元があるので削除して構わないが、直接モバイルに送られたメール

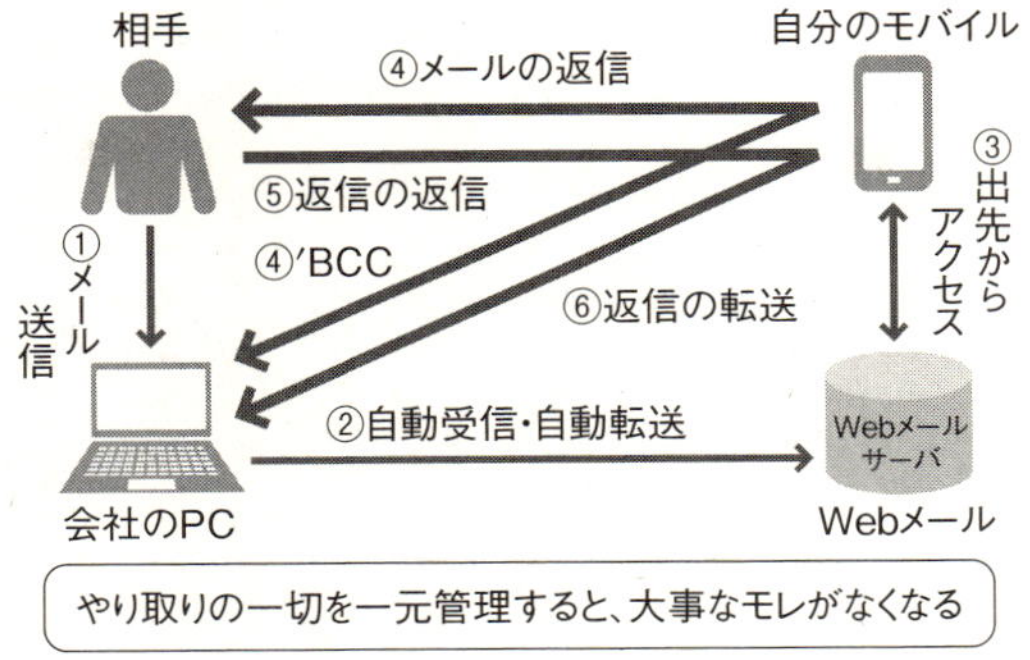

は、すぐ会社のPCメールに送らなければならない。

逆に、こちらがパソコンで、相手のケータイにメールするときは、とにかくいつも以上に簡潔に要点だけを書く。

「何が、どうした」の主語と述語を基本に、つけても修飾語は二つまでにすることだ。普段のPCメールと違い、前のメールの引用は削除しておく。

行開けも最小限にし、相手にストレスを与えないようにしよう。

ダラダラさせずわかりやすい内容にし、質問で返されることのないようにしたい。

段取りポイント　**モバイルに来たメールは、必ず会社のPCメールに転送。**

著者紹介
本田尚也（ほんだ　なおや）
1959年神奈川県生まれ。宅地建物取引主任者。中堅流通小売店、食品会社を経て独立。不動産のコンサルティング・アドバイスのほか、独立起業バックアップ、若手ビジネスマンの育成・指導を行なう。その豊富な経験に基づいた、的確なサポートには定評がある。
ＡＮＡのプレミアム会員専用サイトへの連載のほか、仕事術に関する著書が多い。
2011年スタートの「マンション管理員検定」に参画。建物管理に対する正しい知識習得と、エキスパートとしての管理員養成を目指し、その普及に努めている。

Web：http://www.m-kanken.or.jp/
Mail：hondanaoya@hotmail.com

この作品は、2002年１月にぱる出版より発行された『仕事は「段取り」次第で決まる』を改題し、大幅に加筆・修正したものである。

ＰＨＰ文庫　1日5時間で仕事を片づける人の「段取り」術

2011年10月21日　第１版第１刷

著　者　本　田　尚　也
発行者　安　藤　卓
発行所　株式会社ＰＨＰ研究所
東京本部　〒102-8331　千代田区一番町21
文庫出版部　☎03-3239-6259（編集）
普及一部　☎03-3239-6233（販売）
京都本部　〒601-8411　京都市南区西九条北ノ内町11

PHP INTERFACE　http://www.php.co.jp/

組　版　株式会社PHPエディターズ・グループ
印刷所
製本所　共同印刷株式会社

ISBN978-4-569-66494-1